AF602277

HISTOIRE
DE LACÉDÉMONE
ET DES LOIX DE LYCURGUE.

HISTOIRE
PHILOSOPHIQUE ET POLITIQUE
DES LOIX DE LYCURGUE,

Où l'on recherche par quelles cauſes & par quels degrés elles ſe ſont altérées chez les Lacédémoniens, juſqu'à ce qu'elles ayent été anéanties ; & l'on montre que la République s'affoiblit, & ſe précipita vers ſa ruine, par les mêmes cauſés & les mêmes degrés.

Par M. l'A. D. G.

Ouvrage couronné par l'Académie Royale des Inſcriptions & Belles-Lettres.

Quid leges ſine moribus
Vanæ proficiunt? Horat. l. 3. Od.

A NANCY, *& ſe trouve* A PARIS,

Chez VALADE, Libraire, rue de la Parcheminerie, maiſon de M. Grangé.

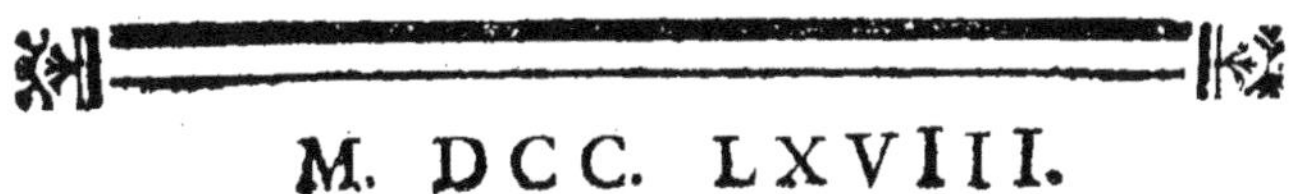

M. DCC. LXVIII.

FAUTES A CORRIGER.

page 4. *ligne* 15, cet, *lisez* c'est.
p. 7. *l.* 29, les Gorgias, *lisez* le Gorgias.
p. 8. *l.* 37, sa philosophie, *lisez* la Philosophie.
p. 31. *l.* 13, vautés, *lisez* vantés. *à la marge*, de Lég. & Rép., *lisez* Leg. & Rep. *supprimez de même l'accent dans les autres citations latines.*
p. 35. *l.* 1, Anciens, *lisez* anciens.
p. 40. *l.* 29, faire, *lisez* fait.
p. 45. *j.* 24, Allotes, *lisez* Ilotes.
p. 63. *l.* 9, ajoute, *lisez* ajouter.
p. 69. *l.* pénultième, ἑαίραῖς, *lisez* ἑταίραῖς.
p. 72. *l.* 34, εἰϐερχέται, *lisez* εἰσερχέται.

A SON ALTESSE

MONSEIGNEUR LE PRINCE

LOUIS-RENE'-EDOUARD

DE ROHAN-GUÉMENÉ,

Evêque de Canope, Coadjuteur & Chanoine Capitulaire de Strasbourg, Abbé Commendataire des Abbayes de la Chaise-Dieu & de Mont-Majour, l'un des Quarante de l'Académie Françoise, &c.

MONSEIGNEUR,

QUELQUE jaloux que doive être de sa liberté tout Citoyen de la République des Lettres, quelque élévation qu'il puisse avoir dans l'ame; il est flatté d'adresser le fruit de ses veilles aux Grands, qui par leurs connoissances & par leurs talens, rélevent l'éclat des titres & de la naissance. C'est presque à ses yeux un devoir, qu'il lui coûteroit de ne pas remplir, lorsque les qualités du cœur, & le charme de toutes les vertus sociales vont de pair avec les graces & la sagacité de l'esprit. VOTRE ALTESSE *ne peut me reprocher de vouloir faire un éloge. Je n'ai fait qu'ébaucher un portrait. C'est,* MONSEIGNEUR, *au Public, c'est sur-tout à une société choisie à le reconnoître & à l'achever. Que ne m'est-il permis de céder aux mouvemens de mon cœur, en rendant hommage à la vérité? Mais je dois respecter la loi, que m'impose votre modestie. Heureux d'avoir trouvé l'occasion de vous témoigner le dévouement inviolable & le profond respect, avec lequel je suis,*

MONSEIGNEUR,

DE VOTRE ALTESSE,

Le très-humble, & très-
obéissant serviteur.
l'Abbé DE GOURCY.

AVERTISSEMENT.

L'ACADÉMIE Royale des Inscriptions & Belles-Lettres avoit proposé d'éxaminer, *par quelles causes & par quels degrés, les Loix de Lycurgue se sont altérées chez les Lacédémoniens, jusqu'à ce qu'elles ayent été anéanties.* L'Auteur, pour agrandir son sujet, & y ajouter un degré d'intérêt, a donné plus que l'Académie ne demandoit à la rigueur. Après avoir essayé de présenter un tableau fidèle de la Législation de Lacédémone, il s'est proposé de faire marcher de front les Loix & la République elle-même, de rendre sensible l'influence puissante & continue des premières; comment de l'état de vigueur, ou de foiblesse & de décadance des Loix, s'est ensuivi dans tous les temps ou la grandeur de Sparte, ou sa corruption & sa décadence. On a pris les Loix à leur berceau pour les suivre à travers les variations qu'elles ont subies, jusqu'à leur anéantissement, qui est également celui de la République. Ainsi ce petit Ouvrage, si l'exécution répondoit au dessein, devroit renfermer le précis de ce qu'il y a de plus intéressant & de plus certain, dans l'Histoire du Peuple de l'antiquité le plus singulier, & digne à tous égards de fixer l'attention du Philosophe & de l'Homme d'Etat.

On s'est imposé la loi de puiser dans les sources les citations nombreuses, dont on s'appuye. La plupart des qualités de l'Ecrivain ne s'acquièrent point par le travail, & sont au-dessus des ressources de l'art. Et plus on cultive les Lettres, plus on sent combien la Nature en est avare. Mais le mérite de l'exactitude dépend de nous, & le Public a droit de l'exiger. C'est le seul, qu'on ose lui promettre ici, & qui peut-être l'engagera à recevoir avec indulgence un essai, si peu digne de lui & du sujet.

HISTOIRE
PHILOSOPHIQUE ET POLITIQUE
DES LOIX DE LYCURGUE,

Où l'on recherche par quelles causes & par quels degrés elles se sont altérées chez les Lacédémoniens, jusqu'à ce qu'elles ayent été anéanties.

ARTICLE PREMIER.

Etablissement & Tableau général des Loix de Lycurgue.

CE sujet intéressant demanderoit, pour être approfondi, la connoissance la plus étendue des Antiquités Grecques, réunie au coup-d'œil sûr & perçant de la Politique, éclairée par la Philosophie. Il méritoit d'être traité par un des Membres de l'Illustre Compagnie qui l'a proposé. Je n'ai à lui présenter qu'une ébauche. Heureux, si mon premier essai en ce genre fournit quelques vûes utiles à ceux qui jugeront à propos de remanier un sujet vraiment neuf, puisqu'aucun des Modernes ne l'a pris pour, l'objet de ses veilles, & que la plûpart des Anciens ne nous offrent là-dessus que des traits épars, ou peu lumineux. A Dieu ne plaise, que par cette réflexion, qui est le résultat de mes recherches, je prétende rabaisser le mérite de ces

Grands Hommes, à qui le ſuffrage éclairé de toutes les nations, a depuis longtems aſſuré l'immortalité, & dont je me ferai toujours gloire d'être le plus ſincére admirateur. J'ai recueilli, ſi je puis le dire, avec un reſpect religieux, tout ce qu'ils nous ont laiſſé ſur cette matière. Je dois nommer & diſtinguer, entre tous les autres, Hérodote, Thucydide, Xénophon, Ariſtote, Platon, Polybe & Plutarque. Si l'on trouve quelque choſe de ſatisfaiſant dans mon ouvrage, j'avoue avec reconnoiſſance que je leur en ſuis redevable. Mais leur objet n'étoit pas le mien, & la diſtance des lieux & des tems, les diverſes traditions auxquelles ils ſe ſont attachés, quelquefois même des intérêts nationaux, enfin la perte d'une partie de leurs écrits, ont pu laiſſer ſubſiſter, ou même faire naître des difficultés & des contradictions, du moins apparentes, qu'il nous ſemble preſqu'impoſſible aujourd'hui d'éclaircir & de concilier.

Pour répandre ſur cette Diſſertation la lumière & l'intérêt, dont elle eſt ſuſceptible, il eſt, je crois, indiſpenſable de remonter d'abord à l'époque de la naiſſance des Loix de Lacédémone, & d'en tracer le tableau, ainſi que le portrait du Légiſlateur, homme unique, qui, dans tous les ſiécles, a trouvé une foule de panégyriſtes & pas un imitateur. Il y a plus de deux mille ans que Xénophon diſoit : Quelque anciennes que ſoient les Loix de Lycurgue, puiſqu'elles touchent au tems des petits-fils d'Hercule, elles ſont encore aujourd'hui toutes nouvelles pour les autres peuples. Et je n'ai pu voir ſans étonnement, que tous ſe réuniſſant à leur donner les plus grands éloges, aucun Etat cependant n'ait penſé à les ſuivre.

Xénoph. de Rep. Lac. p. 685. Edit. Leunclav. Francof. 1596.

C'eſt peu de tems avant Lycurgue, que l'Hiſtoire profane devenue plus intéreſſante, puiſqu'elle est plus fidelle & plus éclaircie, commence à se dégager des nuages & des fables, qui l'obscurcissoient ou la défiguroient. Les tems que Varron & Diodore de Sicile appellent, à juste titre, *les tems obscurs & fabuleux*, finissent, selon le premier, au commencement des Olympiades, 776 ans avant l'Ere vulgaire; selon le second, qu'a suivi le torrent des Chronologistes, à la guerre de Troye, un peu plus de 400 ans auparavant. Cette diversité d'opinions est frappante au premier coup-d'œil; mais en l'examinant avec attention, on reconnoît qu'elle est plus apparente que réelle, qu'elle dépend du point de vue où l'on se place, plûtôt que des objets même qu'on envisage.

Diod. Sic. præfat.

La nuit des tems fabuleux finit, il est vrai, à la guerre de Troye, mais le jour de l'Histoire ne luit pas encore. Il est tout au plus annoncé par un foible crépuscule, qui permet à peine de discerner les objets à demi engagés dans l'ombre. Varron, après avoir appellé *obscurs & inconnus*, les tems écoulés depuis l'origine du monde jusqu'au déluge d'Ogygès, parce que des ténèbres presque impénétrables couvrent cette partie de l'Histoire profane, désigne l'espace compris entre cet événement célèbre & la premiere Olympiade, par le nom de *fabuleux*, pour marquer cet alliage trop fréquent d'incertitudes & de fictions, qui néanmoins ne s'étendent jamais sur le fond des faits, ni sur les principales circonstances. Le commun des Chronologistes, négligeant ces nuances & ces précisions de langage, a fait remonter l'epoque de l'âge historique, au tems où les peuples sortis de l'ignorance & de la barbarie commencèrent à conserver la tradition des faits mémorables qui les concernoient, & à les faire passer à la postérité dans des monumens authentiques. Et sûrement Varron ne doutoit pas plus que les autres Chronologistes, des événemens fameux de l'ancienne Gréce, arrivés depuis la guerre de Troye, jusqu'au renouvellement des Jeux Olympiques, & en particulier de la législation de Lacédémone, quoiqu'il les reléguât au-delà de la ligne, qui sépare l'historique du fabuleux.

La Grèce, depuis plusieurs siécles, instruite & civilisée par les Egyptiens & par les Phéniciens, que son orgueilleuse ingratitude traita néanmoins de barbares, avoit déja porté un peuple de héros, & s'étoit signalée par des guerres & des expéditions fameuses. Il est à remarquer seulement que cet sur-tout à ces siècles reculés, qu'il faut appliquer la réflexion judicieuse de Diodore de Sicile & de Saluste, que les actions des Grecs, toutes grandes qu'elles sont par elles-mêmes, doivent une partie de leur éclat aux Poëtes & aux Historiens, qui les ont immortalisées. Mais après avoir secoué par-tout le joug de la Royauté, insuportable à des esprits trop fiers & trop inquiets, la Grèce contente de jouir de sa liberté, n'offre rien que l'Histoire ait jugé digne de nous transmettre. Corinthe ne connoissoit pas l'avantage de sa situation, qui la rendoit la gardienne du Péloponnèse, & la maîtresse des deux Mers de la Grèce. Argos & Mycénes ne conservoient aucun vestige de leur ancienne célébrité. La Béotie n'étoit connue que par la grossiéreté de ses habitans, & de l'air qu'on y respiroit. La Thessalie n'avoit plus d'Argonautes, & n'avoit pas encore formé sa cavalerie. Athènes, la seule rivale digne de Sparte, Athènes, qui devoit elle seule enfanter plus de prodiges & de Grands Hommes dans tous les genres, que

Diod. præfat.
Sallust. bel. Catilin. p. 74. Edit. Basil.

le reſte de la Grèce enſemble, étoit alors foible, ignorée, ſans vaiſſeaux, ſans ports, ſans mines, ſans amour de la gloire. La Macédoine encore barbare attendoit Philippe.

L'état de Lacédémone doit ici, plus que tous les autres, arrêter nos regards. Pour juger du chemin que lui fit faire Lycurgue, ſi je puis ainſi parler, il faut enviſager le point d'où il eſt parti. Il la trouva dans le trouble & dans l'anarchie, ſur le penchant de ſa ruine totale. Il la laiſſa floriſſante, affermie ſur des fondemens inébranlables, s'il en étoit ſur la terre, reſpectée, admirée, redoutée des Grecs & des Barbares.

Lacédémone, qui comptoit déja treize Rois, quatre-vingts ans après la guerre de Troye, environ 328 avant la premiere Olympiade, avoit été conquiſe, comme les autres Etats du Péloponnèſe, par les deſcendans d'Hercule. Après Ariſtodème, tige de cette nouvelle Dynaſtie, la Royauté fut partagée entre ſes deux fils jumeaux, chefs de deux branches, qui donnèrent conjointement des Rois à Sparte pendant neuf ſiècles, juſqu'à Cléomène III. L'autorité affoiblie par ce partage, le fut encore plus par Eurytion, biſayeul de Lycurgue, qui voulut acheter à ce prix la faveur du peuple. Cette lâche complaiſance produiſit l'effet qu'on devoit en attendre. Le peuple mépriſa des Rois, qui n'en avoient que le nom, viola impunément les loix reſtées ſans vengeur. Son exceſſive liberté lui devint à charge à lui-même. Il ne ſoupiroit pas moins que ſes Rois après un reſtaurateur, & un réformateur de la République. Elle avoit alors le bonheur de renfermer dans ſon ſein un de ces hommes, que la nature pendant des ſiècles ſe prépare à enfanter.

Diod. Sic. præfat. Thucyd. præfat. Pauſan. in Lacon. init. Euſeb. in Chron. Ub. Emmius de Græc vet. l. 1. Hiſt. grec. de Stan. l. 1.

Onzième deſcendant d'Hercule, porté ſur le

trône par la mort de ſon frère ; vers l'an 900 avant J., C. (*a*) Lycurgue avoit des ſentimens ſupérieurs à ſon rang & à ſon illuſtre origine. Tous les citoyens jettoient les yeux ſur lui, comme ſur le ſauveur de la patrie. Il ſurpaſſa leur attente. Il leur donna des loix, dont le ſort décida toujours de celui de Lacédémone, qui ſe maintint dans toute ſa ſplendeur, tandis que les loix conſervèrent toute leur force, qui s'affoiblit, dégénéra, ſe précipita avec elles.

Plutar. in Lycurg.

Après avoir arraché ſon neveu des mains d'une mere dénaturée, qui vouloit l'immoler à ſon ambition, & lui avoir rendu la couronne, qu'il n'avoit acceptée que pour la lui conſerver, il s'étoit lui-même condamné à un long exil, pour aller reconnoître les mœurs & les loix des nations les plus célèbres de l'Orient, & pour amaſſer à loiſir le fond immenſe de connoiſſances néceſſaires au grand deſſein qu'il méditoit. Les Loix de Crète, qui valurent à Minos l'honneur d'être mis à la tête des Juges des enfers, celles de l'Egypte, dans leſquelles Dieu voulut que le Legiſlateur de ſon Peuple fût inſtruit, devinrent le principal objet de ſes obſervations, & en pluſieurs points, le modèle qu'il ſe propoſa. Mais il ne borna point à ces deux Royaumes, ſes voyages & ſes recherches. Il crut qu'avant de former le plan de ſa légiſlation, il étoit néceſſaire de pou-

Plutar. in Lycurg. Xénophon. de Rep. Lac. p. 685.

(*a*) Quoique les Anciens ne s'accordent pas ſur le tems précis, où a vêçu Lycurgue, il paroît cependant que preſque tous le placent entre le 8e. & le 9e. Siécles, avant l'Ere chrétienne. C'eſt le ſentiment d'Ariſtote, de Timée, de Xénophon, d'Eratoſthéne, d'Appollodore, &c. Voyez Plutarque, vie de Lycurgue. J'écarte dans ce mémoire les diſcuſſions de chronologie, toujours épineuſes & ſouvent interminables, comme abſolument étrangères à mon ſujet.

voir balancer les avantages & les inconvéniens des différentes législations. Il parcourut l'Asie Mineure, pour examiner par lui-même les institutions les plus relâchées, le luxe & la molesse de l'Ionie, jusqu'où s'étend leur influence sur la force, & sur le bonheur des Etats. Jusqu'ici les Historiens d'Egypte, de Grèce & de Crète en particulier sont d'accord. (a) Mais il faudroit d'autres autorités que celles du Spartiate Aristocratès, pour persuader que Lycurgue ait passé en Afrique & en Espagne, & que pour converser avec les Gymnosophistes, il ait pénétré jusques dans les Indes, alors totalement inconnues aux Grecs.

(a) Polybe prétend que jamais Lycurgue n'eut en vue d'imiter les Loix de Minos, & que rien n'étoit plus opposé que les deux Législations. L'autorité de Polybe, de quelque poids qu'elle puisse être, ne doit point nous arrêter ici. Il avoue qu'il a contre lui les plus sçavans Ecrivains de l'antiquité, tels qu'Ephore, Callisthène, Platon & Xénophon. Il seroit aisé d'en citer encore plusieurs autres. Et c'est ici une question de fait, qui est décidée par le témoignage unanime des Anciens. A l'autorité des Historiens nous pouvons en ajouter une, qui n'est pas moins sans réplique, celle des Loix mêmes de Crète & de Sparte. La conformité est trop sensible, pour qu'on puisse la méconnoître. C'est de quoi on peut se convaincre en consultant les détails, où sont entrés les Anciens sur ce sujet, & particulièrement Platon & Aristote, le premier dans le Minos, les Gorgias & les Livres des Loix, le second dans ses Politiques. On y voit qu'en Crète ainsi qu'à Sparte, les enfans tirés dès leurs premieres années, des mains de leurs parens, recevoient ensemble une éducation militaire, que la Communauté des repas étoit établie pour tous les citoyens, qu'on s'attachoit à maintenir entre eux une parfaite égalité, à leur inspirer la plus grande vénération pour les Loix, pour les Magistrats & les Vieillards, qu'il y avoit un Sénat qui formoit le Conseil Public & des Magistrats créés exprès pour maintenir l'équilibre entre le Sénat & le Peuple ; il n'y avoit de différence que

(a) Polyb. l. 6. p. 1, &c. Edit. Perot ti Basil.

Après avoir ajouté aux richesses de son génie, celles qu'il avoit acquises dans ses voyages, aussi longs & plus dignes d'être célébrés que ceux d'Ulisse, il retourne enfin dans sa patrie, qui l'attendoit avec la plus vive & la plus juste impatience. Il pose aussi tôt les fondemens de l'édifice admirable de sa législation, dont l'Etat avoit un besoin pressant. Pour le dessiner dans toute sa grandeur, il faudroit presque le génie qui le créa.

---

dans les noms & dans le nombre, la Crète avoit dix Cosmes, Lacédémone cinq Ephores; (J'oubliois que les Cosmes étoient à vie, & les Ephores seulement pour un an.) Que la culture des terres étoit abandonnée aux esclaves, à la charge d'une redevance annuelle, &c. Si ces traits ne suffisent pas pour prouver la conformité des Loix de Crète & de Sparte, j'avoue que je ne sais point en quoi elle peut consister. (Voyez aussi Strabon. *Liv.* 10.) Que peut donc opposer Polybe à toutes ces preuves ? il ne fait guére qu'insister sur la corruption & l'avarice des particuliers & des Magistrats de Crète. Tout le monde en effet sait que les Crètois dégénérèrent de leur ancienne réputation, & qu'ils devinrent aussi fameux par la dépravation de leurs mœurs, qu'ils avoient été illustres par leurs vertus, & par la sagesse de leur police. Mais ces désordres postérieurs de plusieurs siécles au Législateur des Crètois, ne prouvent point la différence de leur Législation originelle d'avec celle de Sparte, comme la corruption dont Sparte elle-même ne put se garantir, ne prouve rien contre la beauté des réglemens qu'elle avoit reçus de Lycurgue. Ce qu'on doit conclure du passage de Polybe, c'est précisément que la Crète étoit sur son déclin, dans le siécle de cet Historien, & que les Loix y étoient presque universellement violées. Platon assure que de son tems elles y étoient encore en vigueur, & qu'elles faisoient le bonheur de ces Insulaires, & des Lacédémoniens. Un Ecrivain moderne, qui a porté dans l'Histoire le double flambeau de sa Philosophie & de la Politique, embrasse le sentiment de Polybe. Comme il ne le fortifie pas de nouvelles raisons, nous n'ajouterons rien, de peur d'allonger excessivement une note déja trop étendue

Polyb. l. 6. Plat. in Min. p. 47. Edit. Maur. &c.

Paral. des Rom. & des Franc. t. 1. p. 341.

« Je ne pouvois revenir de mon étonnement, (c'est ainsi que cet Athénien, immortel à tant de titres, Capitaine, Philosophe, Historien, débute dans son *Traité de la République de Lacédémone*, où respire par-tout l'ame d'un Spartiate.) Je ne pouvois revenir de mon étonnement, quand je faisois attention que Lacédémone, une des Villes les plus petites & les moins peuplées, étoit devenue la plus puissante & la plus illustre de la Grèce. J'ai étudié ses Loix, & mon étonnement a cessé. Mon admiration s'est tournée toute entiére vers le Sage, qui a fait le bonheur de sa Patrie, par les loix qu'il lui a données. Xénoph. de Rep. Lac. init.

Quel homme en effet, m'écrierai-je avec Xénophon & l'Auteur de l'Esprit des Loix, quel homme ! qui a vu, qu'en s'ouvrant une route opposée à celle de tous les Législateurs, en choquant tous les usages reçus, en étouffant les sentimens de la nature, en faisant disparoître les bornes des deux sexes, en changeant même les idées des vertus, en retranchant les ressources & le nerf des Etats, le commerce, les arts & l'argent, il assuroit à sa République la prééminence sur la Grèce, un éclat, une stabilité, une sévérité de mœurs & une hauteur de sentimens, qui ne se rencontreroient dans aucune autre République. Philosophe à la fois & Homme de lettres, politique, guerrier, pour tout dire en un mot, le plus hardi, le plus sublime des Législateurs humains, puisque Moïse ne fut que l'organe du Suprême Législateur, il imagina, il fit embrasser avec transport, & chérir durant plusieurs siécles, à un peuple entier, des loix, qui paroissent ou contraires ou supérieures à l'humanité, à l'enfance, à un sexe foible & timide, des institutions qui semblent ne convenir qu'à un peuple de héros. Esprit des Loix. l. 4. c. 6.

Lycurgue ne s'amusa point à réparer quelques brèches dans un édifice, qui menaçoit de crouler de toutes parts. Il entreprit de le relever sur de nouveaux fondemens. Il se proposa sans doute ce que tous les Grands Hommes ont en vue, & ce que s'est reservé la Divinité, de faire un ouvrage immortel. Le corps de l'Etat flottoit, incertain, tantôt vers la tyrannie, quand les rois étoient les plus puissans, tantôt vers la démocratie, ou plûtôt vers l'anarchie, quand le peuple l'emportoit. Par le moyen du Sénat, le premier de ses établissemens, il le fixa comme par une ancre immobile. Il en fit le modèle, peut-être à jamais inimitable, de toutes les aristocraties, en empruntant de chaque forme de Gouvernement ce qu'elle a de plus utile, en tempérant l'une par l'autre, & balançant les inconvéniens & les dangers de chacune en particulier, par le concours des ressources & des avantages de toutes les autres. Ce Corps, qui n'étoit composé que de citoyens d'un âge mûr, (a) & d'une expérience consommée, à qui leur vie sans cesse exposée aux regards publics, avoit mérité le prix de la sagesse & de la vertu, sur tous leur concurrens en cette noble carrière, se rangeant toujours du côté le plus foi-

Plutar. in Lyc.

Polyb. l. 6.

(a) Il falloit avoir au moins l'âge de 60 ans, pour être admis dans le Sénat de Sparte. De-là le nom de Γέρων Vieillard, qu'on donnoit aux Membres de ce Corps, & qui avoit la même origine que celui de *Senator*. Lycurgue voulut que les *Gérontes* ou les Sénateurs fussent à vie, & pour leur donner plus d'autorité, & pour perpétuer plus sûrement le même esprit dans cette Compagnie, sur laquelle il paroît que le Législateur fondoit ses plus grandes espérances. Je ne parle pas ici des Ephores, parce que les Anciens ne conviennent pas qu'ils soient de l'institution de Lycurgue.

ble, maintenoient un équilibre parfait entre les Rois & le Peuple. Revêtu d'une autorité sans bornes, pour contenir le peuple, & l'éclairer dans toutes ses délibérations, où rien ne s'agitoit qui ne fût proposé, & qui n'eût été combiné par les Sages, il n'en avoit plus pour devenir le tyran de la République. Le suffrage du peuple donnoit force de loi aux réglemens que lui proposoit ce Conseil de la nation, toujours subsistant. Ainsi une liberté parfaite, c'est-à-dire, la dépendance absolue des loix, & l'indépendance également absolue de tout homme étoient l'ame de Sparte, & comme son caractère distinctif. Ajoutez l'égalité entiére de fortune entre tous les citoyens. Le Législateur y trouva une disproportion monstrueuse, tous les biens entre les mains d'un petit nombre de particuliers, une affreuse indigence par-tout ailleurs. Il fait disparoître ce désordre. Il établit le partage égal des terres, divise les possessions de la Laconie en trente mille portions égales, & celles du territoire de Sparte en neuf mille, qu'il distribue à un pareil nombre d'habitans de la Campagne & de la Ville, & ordonne que jamais elles ne puissent augmenter ni diminuer. Il chasse ainsi de sa République la fraude, le luxe, l'envie, l'insolence, les deux plus grandes & les plus anciennes pestes des Etats, comme parle Plutarque, la pauvreté & l'avarice. Il leur en ferme pour jamais l'entrée, en décriant l'or & l'argent, il coupe racine à tous les différens, à tous les procès, & presque à tous les vices. Il ne laisse aux Lacédémoniens entre eux, que des combats de vertu, d'autre supériorité à prétendre, que celle que donne la soumission aux loix. Il bannit tous les arts frivoles & dangereux, qui, d'eux-mêmes, alloient se bannir d'un Etat,

Plutar. in Lyc.

où l'or & la volupté n'avoient plus d'accès. Toutes les connoissances, qui ne pouvoient rendre ni meilleur ni plus vaillant, sont rejettées comme inutiles ou nuisibles.

Pour achever de déraciner l'amour des richesses, il établit cette frugalité des repas publics, dont les Rois n'étoient pas dispensés, & qui faisoit dire aux Sybarites qu'ils ne s'étonnoient point que les Lacédémoniens fissent si peu de cas de la vie. Ces repas auxquels on admettoit jusqu'aux enfans, n'étoient pas moins pour eux une école de sagesse, que de tempérance. L'enjouement & la liberté les assaisonnoient, & faisoient entrer dans les esprits de tous les âges, les discours admirables qu'on y entendoit sur la morale & sur le gouvernement.

Stob. ferm. 29. Athen. Dei phnop. l. 4. p. 141. édit. Casaub. Lugd.

C'est ainsi que Lycurgue voulut que ses loix fussent promulguées dans tous les tems. Il avoit défendu d'en mettre aucune par écrit, l'éducation devoit les graver profondément dans l'ame de tous les citoyens. Aussi profond philosophe que législateur sublime, il connoissoit le cœur humain, que le ton impérieux de la loi révolte, pour qui le nom de défense est un attrait, mais qui ne sait pas résister à la voix douce & insinuante de l'exemple & des premières impressions. Et voilà, sans doute, la cause de l'attachement prodigieux des Lacédémoniens à des loix si peu faites, ce semble, pour l'inspirer, je veux dire l'excellente éducation que la République faisoit donner ; éducation toute dans le génie de ces loix, tendante uniquement à les faire pratiquer & à les faire aimer. Ainsi chaque citoyen se regardoit comme l'auteur des usages, avec lesquels il s'étoit familiarisé dès ses plus tendres années : il devenoit son propre législateur. Les jeunes gens, que l'Etat avoit adoptés & faisoit élever comme ses enfans, avoient pour surveillans & pour maîtres les plus vertueux de leurs compagnons & tous les vieillards.

Les autres Grecs superficiels & frivoles traitoient les Lacédémoniens d'hommes ignorans & grossiers, parce qu'ils n'apprenoient les lettres que pour devenir meilleurs, jamais pour en faire parade ou métier, & que leur science se réduisoit à savoir souffrir, obéir, vaincre ou mourir. Tu dis vrai, répondit le Roi Plistonax à un Orateur Athénien, qui faisoit un pareil reproche aux Lacédémoniens; car de tous les Grecs, nous sommes les seuls, à qui vous n'ayez pas appris le mal. (*a*) Plutar. in Lyc.

Les arts consacrés à la volupté chez tous les

(*a*) Un Savant du premier ordre, qui a consacré plusieurs de ses veilles à éclaircir l'Histoire, ou à venger la réputation des Lacédémoniens, dans une dissertation aussi intéressante par les graces du style, que distinguée par les recherches de l'érudition, semble donner des connoissances, & de la littérature de cette Nation une idée plus avantageuse, qu'on ne s'en forme communément. Il assure qu'il y avoit plus de Savans à Lacédémone, que dans le reste de la Grèce, que les jeunes gens y étoient parfaitement bien élevés, dans les Sciences & dans les Belles-Lettres, & qu'ils s'attachoient beaucoup plus à la Philosophie qu'aux exercices du corps. Mém. de l'Ac. des B. Lettres t. 19.

Me permettra-t-il de proposer ici mes difficultés, & de les soumettre à ses lumières? Le but de Lycurgue, comme l'illustre Académicien l'avoue lui-même, fut de former un Peuple de sages & de guerriers, de donner au corps de la souplesse & de la force, & d'inspirer à l'ame des sentimens héroïques. Il ne pensa jamais à former des Savans & des Hommes de Lettres. Trop fidèles peut-être en ce point, à suivre les vues de leur Législateur, les Lacédémoniens négligeoient & méprisoient la plûpart des Sciences & des Arts. Ils en faisoient même gloire, semblables au Peuple Romain, qui durant plusieurs siécles

autres peuples, donnoient à Sparte des leçons de sagesse & de courage. La musique, la poésie, la danse, ne chantoient & ne figuroient que les combats, que des exemples de patriotisme & d'héroïsme. C'étoit au son de la flûte & suivant le mode Dorien, que les plus intrépides des hommes marchoient à la victoire ou à la mort; de-sorte qu'on peut dire, après Lucien, qu'ils sont redevables d'une partie de leur gloire à la danse & à la musique. On ne souffroit point que la mollesse ni la volupté dénaturassent des instrumens, qui ne devoient rendre que des sons mâles & guerriers. Un Ephore, sans égard pour la perfection de l'art & les richesses de l'harmonie, coupoit im-

Lucian. Dialog. de Saltat.

---

dédaigna toute autre Science, que celle de vaincre & de régner.

Plat. in Protag. p. 206.

Platon est le seul Ancien que M. de la Nauze cite, pour appuyer son sentiment. Mais Platon dans l'endroit cité ne parle point de Sciences & de Belles-Lettres en général. Il s'agit uniquement de Philosophie ou de sagesse, & de Laconisme. Il releve l'énergie & la précision du Laconisme, qui percent à travers la grossiéreté & la simplicité. Et par la Philosophie dont il fait honneur aux Lacédémoniens, il paroît qu'il n'entend que la Philosophie Socratique, qui tendoit toute à la pratique, à régler les mœurs & à élever l'ame. On ne conteste point les avantages que les Lacédémoniens avoient à cet égard sur les autres Peuples, non plus que dans cette sorte de style, auquel ils ont donné leur nom. Mais il y a loin de-la à un Peuple de Sçavans & de Littérateurs proprement dits. Le passage du Protagoras, de Platon est, ce me semble, fort clair, & ne peut présenter d'autre sens. Citons seulement ce qu'il y a de plus formel: φιλοσοφία γὰρ ἐςὶ παλαιοτάτη τε ϗ πλείςη τῶν ἑλλήνων ἐν Κρήτῃ τε ϗ ἐν Λακεδαίμονι ..... ϗ Λακεδαιμόνιοι πρὸς φιλοσοφίαν ϗ λόγοις ἄριςα, πε παίδευνται, &c. ἔπειτα ὅπου ἂν τύχοι τῶν λεγομένων. ἐνέβαλε ῥῆμα ἄξιον λόγου βραχὺ ϗ συνεςραμμένον, ὥσπερ δεινὸς ἀκοντιςής· ὥςε φαίνεσθαι τὸν πρὸς διαλεγόμενον παιδὸς μηδὲν βελτίω, &c.

pitoyablement les nouvelles cordes ajoutées à la lyre.

Archiloque & ses ouvrages furent bannis de Sparte : le Poëte pour avoir dit qu'il vaut mieux jetter son bouclier que de périr ; ses ouvrages, parce qu'on ne croyoit pas que le plus aimable des arts, que les traits même du génie dûssent obtenir grace, quand les mœurs en danger sollicitent leur proscription.

Si ce texte avoit besoin d'éclaircissement & de développement, on en trouveroit dans plusieurs Ouvrages du même Philosophe, où il assure dans les termes les plus exprès, que les Lacédémoniens n'étoient rien moins qu'amateurs des Sciences & des Lettres. Socrate fait avouer à Hippias que les Lacédémoniens se soucient fort peu de payer les leçons qu'il vouloit leur donner, de Rythme, de Geométrie, de Calcul, de Dialectique, &c., qu'ils n'aiment à entendre parler que de gouvernements, de fondations de Villes, de Guerriers & de Héros. Et dans les Livres de la République, comme nous le verrons, il reproche aux Lacédémoniens d'avoir négligé la culture de l'esprit, pour se donner tout entiers aux exercices du corps. Il seroit aisé de rassembler une foule de passages, propres à confirmer l'idée que nous donnons des connoissances des Lacédémoniens, de Plutarque, *in Lyc.* d'Isocrate *in Panathen p.* 414. & *alibi*, d'Athenée *l.* 13 *p.* 611 d'Elien *l.* 6. de Diodore de Sicile, *l.* 13 *p.* 164, de Ciceron, &c. Nous ne rapporterons qu'un passage du dernier sur l'Eloquence, mais il est pressant : « L'Etude de » l'Eloquence, dit-il, n'étoit pas du-tout commune à la » Gréce, mais particuliere à la seule Ville d'Athénes, & » jusqu'à présent il est inoui qu'on ait fait mention d'un » seul Orateur de Lacédémone : » *Oratorem Lacedæmonium usque ad hoc tempus audivi fuisse neminem.* Bien plus, l'Orateur Romain semble juger le Laconisme incompatible avec l'Eloquence, lorsqu'il ajoute : *Menelaum ipsum dulcem, illum quidem tradit Homerus, sed pauca dicentem. Brevitas autem laus est interdum in aliqua parte di-*

Plat. in Hipp. Maj. p. 96. &c.

Cicer. de Clar. Orat. c. 13.

Plutar. in Lyc.

Les chœurs de Sophocle & d'Euripide, si admirés & si dignes de l'être, l'emportent-ils sur les chœurs de Sparte, où la franchise & la noble fierté des Héros se déployent dans tous les âges?

Traduction d'Amyot.

Les vieillards chantoient:

» Nous avons été jadis
» Jeunes, vaillans & hardis.

Les jeunes gens poursuivoient:

» Nous le sommes maintenant
» A l'épreuve à tous venant.

Les enfans répondoient à tous:

» Et nous un jour le serons,
» Qui tous vous surpasserons.

L'esprit de Lycurgue qui devint l'esprit national, ne tendoit qu'à procurer le bien de la patrie, la soumission aux loix, le mépris de la vie. Cet esprit avoit une telle force, qu'il ramenoit tout à ce but unique. C'étoit le correctif de ce qu'il y avoit

---

cendi. In universa eloquentia laudem non habet.

M. Hardion. Hist. univ. sac. & prof. t. 1. l. 3. c. 13.

Nous pourrions ajouter aux Anciens un Moderne très-versé dans la Littérature Grecque. Les raisons de M. de la Nauze son confrere ne l'ont point ébranlé, puisque dans un Ouvrage postérieur au Mémoire de celui-ci, il s'exprime de la sorte: « L'éducation des Lacédémoniens, dont » le principal objet étoit d'exercer le corps, & de former » des Guerriers capables de soutenir les plus rudes tra- » vaux, leur donnoit de l'éloignement pour l'étude des » Sciences, & des Beaux-Arts, & leurs idées mêmes en fait » de Musique & de Poësie, ne s'étendoient guére au-delà de » ce qui avoit rapport à la profession des armes. Leur lan- » gage, ou plutôt leur jargon, étoit rude, pauvre & gros- » sier ».

Mém. de l'Acad. des B. Lett. t. 12.

Enfin, nous pourrions citer M. de la Nauze lui-même, qui, dans un autre mémoire, compte parmi les inconveniens de la Xénélasie que, « *Le Commerce des étrangers » ne pouvoit apprendre aux Lacédémoniens le prix des » Sciences & des Lettres* ». Ils l'ignoroient donc.

avoit de défectueux dans les détails de la législation, de ce qu'il y avoit même de dangereux dans le paganisme. Les Dieux, qui dans la Grèce & à Rome, enseignoient, consacroient le crime, étoient à Sparte des modèles de valeur & de vertu. Vénus n'étoit pas pour les Lacédémoniens la Déesse de la mollesse & de la volupté; armée de pied en cap, ainsi que tous les Dieux, ce n'étoit plus Vénus, c'étoit Pallas. Les fêtes du Dieu le plus licencieux ne pouvoient autoriser la débauche à Lacédémone. C'étoit la seule ville du monde, où l'intempérance & l'yvresse ne trouvoient d'accès en aucun tems. Les Bacchanales, pendant lesquelles tous les peuples se portoient impunément aux plus grands excès, & s'en faisoient même un point de religion, n'auroient pû dérober au dernier supplice un Spartiate qui se seroit oublié, jusqu'à violer les loix de la tempérance & de la modestie.

Ub. Em. descrip. Reip. Lac. p. 116.

Plat. in Mino. p. 46. l. 1. de Leg. p. 570.

Moins superstitieux qu'aucun autre peuple, les Lacédémoniens voyoient sans jalousie le reste des Grecs présenter de plus belles victimes & de plus riches offrandes. Ils ne se piquoient d'apporter dans les Temples que des cœurs droits, des vœux formés par l'honneur & la vertu. Je dis que les Lacédémoniens étoient moins superstitieux que les autres peuples: je voudrois pouvoir dire qu'ils ne l'étoient point. Mais le flambeau de la raison laissée à elle-même, étoit trop foible pour percer les ténèbres du Paganisme, qui couvroient la terre. Il ne falloit rien de moins qu'une lumière divine pour opérer ce prodige. Il seroit aisé de rassembler un grand nombre de traits de l'aveugle crédulité des Lacédémoniens. J'en choisis deux ou trois, qui ne seront pas inutiles, pour nous faire connoître leurs loix & leur génie.

Plat. in Alcib. 2. p. 42. &c.

On ne peut voir ſans peine qu'une vaine & ridicule ſuperſtition, qui ne leur permettoit pas de ſe mettre en marche avant la pleine lune, les empêche de partager avec Athènes la gloire de la journée la plus mémorable, dont l'hiſtoire ancienne faſſe mention, la bataille de Marathon. On eſt fatigué d'entendre ſi ſouvent répéter aux hiſtoriens grecs, & en particulier à Thucydide, que les Lacédémoniens ſe retirent chez eux ſans combattre, parce qu'ils ne peuvent avoir les auſpices favorables. Au milieu d'un peuple ſi ſenſé, ſi paſſionné pour la gloire des armes & de Sparte, on eſt étonné de ne trouver perſonne qui confonde ces puériles obſervations par ce beau vers du plus grand des Poëtes, qu'Epaminondas cita contre Sparte même, avec une noble audace, qui n'avoit pas beſoin du ſuccès pour être juſtifiée : *Le meilleur des augures, c'eſt de combattre pour la Patrie.* Mais quel eſt le peuple de l'antiquité, qui ait eu le bon eſprit & le courage de s'affranchir des chaînes tyranniques de la ſuperſtition? Et le Peuple vainqueur du monde, ne mettoit-il pas à la tête de ſes loix militaires ces inſenſées & ſuperſtitieuſes pratiques? Etoit-il permis de rien entreprendre ſans l'aveu de ces Augures & de ces Aruſpices, que le plus ſage des Romains railloit avec tant d'eſprit & de raiſon, en diſant qu'il s'étonnoit toujours qu'ils pûſſent ſe regarder ſans rire. Voici le comble du fanatiſme & de la barbarie. Un Philoſophe qui n'eſt pas ſuſpect, Porphyre, cet ardent défenſeur du paganiſme, eſt obligé de convenir que les Lacédémoniens ſacrifioient quelquefois des victimes humaines. Mais on ſait que cette cruelle & déteſtable ſuperſtition s'étoit répandue chez les peuples même les plus éclairés & les plus humains.

Juſtin. l. 2. p. 29. Edit. Paris. in-12.

Iliad. l. 12. v. 243.

Caton. Cicer. de Divin. l. 2. n. 52.

Theodor. Serm. 7. de Sacrif.

Disons tout en un mot. Rendons justice à la plus admirable des législations, sans chercher à justifier ni à pallier les articles, qui sont réprouvés par les saintes loix de la pudeur & de l'humanité, ainsi que par la révélation divine.

Après un aveu qui coute à l'admirateur de Lacédémone, mais que l'ami de la vérité ne pouvoit supprimer, ne craignons pas d'être soupçonnés d'exagération, en avançant que Lycurgue sembloit avoir épuisé les ressources de la sagesse humaine, pour écarter de sa République toutes les causes de corruption & d'innovation, soit au dedans, soit au dehors.

Les Rois réprimés ou soutenus selon les occurences par les Gérontes, le peuple éclairé & guidé par ceux-ci, qui, tout puissans pour faire observer les loix, n'avoient aucune autorité pour introduire le plus léger changement, chaque citoyen suçant avec le lait l'amour & l'estime de la loi, ne voyant, n'entendant rien qui ne l'imprimât dans le cœur, devenant comme un nouveau Lycurgue, toutes les amorces de l'avarice & de la volupté rerranchées, tous les peuples qui auroient pu faire naître le goût, ou seulement l'idée de mœurs opposées, les Grecs comme les Barbares éloignés sévèrement, qu'y avoit-il à craindre de l'ambition des citoyens, ou de la séduction des étrangers? La violence n'étoit pas plus à redouter: quelle Nation entreprendra de mettte sous le joug un peuple de héros, que leur éducation, leur discipline, que leur vie toute entière rend invincibles, qui d'ailleurs n'offrent à la cupidité aucun appas?

Et quand on seroit parvenu à les vaincre, comment faire & assurer des conquêtes dans un pays, où il n'y avoit pas même de murs, qu'on pût surpren-

Plutar. in Apoph. Lac. Herodo. l. 8. c. 26. Edit. Henr. Steph. Plutar. in Instit. Lac.

dre ou forcer? Leurs frontières n'étoient défendues que par le fer de leurs piques, leurs remparts, c'étoient leurs guerriers. Et quels guerriers! qui comptoient pour rien la vie, & n'avoient d'autre trésor que la gloire & la liberté, les plus braves soldats de l'univers, & tout à la fois les moins téméraires, & les plus religieux observateurs de la discipline. Déja le bras levé pour frapper l'ennemi, on les voyoit s'arrêter tout à coup au premier son de la trompette, sachant, disoient-ils, qu'il valoit mieux obéir à son Capitaine que de tailler en pièces l'ennemi. Quelque estime que Sparte fît de la valeur, elle n'étoit pas moins févère à réprimer la témerité. Plutarque nous a conservé à ce sujet un trait tout à fait curieux. Isadas fils de Phæbidas se distingua extraordinairement à la défense de Sparte contre les vives & brusques attaques d'Epaminondas, mais il s'exposa en jeune homme. Les Ephores lui décernèrent une couronne pour sa valeur, & le condamnèrent à l'amende pour sa témérité.

Plutar. in Ages.

On ne peut voir sans un étonnement mêlé d'admiration, que des guerriers si fiers, si hardis, si terribles au dehors, étoient les citoyens les plus modérés & les plus pacifiques au dedans. La liberté produisoit la tranquilité & l'union, la tranquilité & l'union affermissoient encore la liberté. La perfection de la liberté ne consiste en effet que dans la soumission parfaite & unanime des citoyens à la loi. (*a*) En un mot Sparte étoit le seul endroit du

---

(*a*) Ces assertions démontrées par l'Histoire de Lacédémone, sont précisément les contradictoires de celles de l'Auteur des *Considérations, sur les Causes de la Grandeur & de la Décadence des Romains*. Il prétend, *qu'il falloit bien qu'il y eût à Rome des divisions, & que ces Guerriers si fiers, si audacieux, si terribles au-dehors, ne pouvoient pas*

C. 9. p. 116. &c.

monde, où les loix pouvoient tout sur les hommes, & les hommes ne pouvoient rien sur les loix. C'est aussi de tous les peuples connus, au jugement des Anciens & des Modernes, celui qui a conservé le plus longtems ses loix & ses mœurs sans altération. Recueillons ici quelques passages des Anciens.

Hérodote après avoir dit que les Lacédémoniens dans leur origine étoient les plus grossiers des Grecs, qu'ils ne connoissoient les devoirs & les douceurs de la société, ni entr'eux, ni avec leurs voisins, & qu'ils dûrent leur changement à Lycurgue ; les représente dans la suite comme les premiers des Grecs, par la puissance ainsi que par la vertu, & ne rapporte rien qui puisse faire soupçonner la moindre altération dans leur République.

Herodot. l. 1. p. 28. &c.

Ecoutons le digne Emule du Père de l'histoire. Lacédémone, dit Thucydide, ayant été dechirée par les troubles & les divisions intestines, plus qu'aucune autre République, est gouvernée par de bonnes loix. Depuis plus de quatre cens ans, elle conserve la même forme de gouvernement sans altération. Voilà ce qui l'a rendue si puissante, & capable de donner la loi à ses voisins.

Thucyd. l. 1. p. 5. &c. Edit. Henr. Steph.

Le Continuateur de Thucydide, dont l'attache-

Xénoph. de Rep. Lac. p. 683. &c.

être bien modérés au-dedans. Et il pose, *pour régle générale, que toutes les fois qu'on verra tout le monde tranquille dans un Etat, qui se donne le nom de République, on peut être assuré que la liberté n'y est pas.* L'Histoire est le creuset, où il faut mettre les maximes de nos Philosophes & de nos Politiques, pour les apprécier à leur juste valeur, & séparer le bon or du faux. On ne peut méconnoître le génie qui brille presque à chaque page des écrits de M. de Montesquieu, mais il m'a toujours paru qu'on pouvoit lui contester quelquefois la solidité des principes, la justesse des applications & l'exactitude des faits.

ment pour Lacédémone rend la censure du plus grand poids, après avoir tracé un tableau magnifique de la législation de Lacédémone & des anciens Lacédémoniens, nous offre un contraste frappant dans les Lacédémoniens de son siécle. Il finit par ce trait : Que les Grecs ayent perdu leur estime & leur admiration pour les Lacédémoniens, il n'y a rien d'étonnant, puisque personne n'ignore qu'ils n'obéissent plus à l'oracle d'Apollon, ni aux loix de Lycurgue. On sait que Lycurgue, imité en ce point par tous les célébres Législateurs de l'antiquité, avoit sçu faire parler le Dieu de Delphes en faveur de son plan de République. Cependant, ajoute Xénophon, le gouvernement de Lacédémone subsiste toujours le même, tandis que toutes les autres Républiques ont éprouvé de grands changemens.

Les autres Ecrivains d'Athènes contemporains ou postérieurs, tels que Platon, Aristote & Isocrate, détaillent avec encore plus d'étendue & d'énergie les désordres, & les progrès de la corruption des Lacédémoniens. Nous aurons occasion de les citer dans la suite.

Cic. pro. Flac. n. 63.

Cicéron est plus favorable aux Lacédémoniens. Ils sont les seuls peuples de la terre, assure-t-il, qui depuis plus de sept cens ans, n'ont jamais changé ni de mœurs, ni de loi. Tite-Live enchérit encore, puisque selon son calcul, ils ont été fidèles à la discipline de Lycurgue pendant huit cens ans.

Tit. Liv. l. 38. c. 34.

Diod. Sic. Fragm. Collec. à Consf. Porphyr.

Les Lacédémoniens, dit Diodore de Sicile, foibles dans les commencemens, devinrent par le moyen des loix de Lycurgue, les plus puissans de tous les Grecs, & conservérent cette supériorité pendant plus de quatre cens ans, c'est-à-dire, aussi longtems qu'ils observèrent leurs loix.

Strab. l. 8. in Lac. Edit. Basil.

Dans les premiers siècles, écrit Strabon, Argos

jettoit un plus grand éclat que Lacédémone ; mais celle-ci l'éclipsa entierement par sa constance admirable à garder ses loix & ses anciens usages, qui ont à peine souffert quelque légère altération. Enfin au jugement de Plutarque, Lacédémone fut la ville de la Grèce la plus illustre & la mieux policée, dans l'espace de cinq cens ans qu'elle observa les loix de Lycurgue, personne n'y ayant fait le moindre changement, jusqu'au Roi Agis fils d'Archidamus, c'est-à-dire sous quatorze Rois. Plutarque ne parle ici que des Rois de la branche de Lycurgue. Plutar. in Lyc.

Nous tâcherons dans la suite de concilier, ou de modifier ces différens passages, & de marquer avec quelque précision l'époque & la nature des changemens qu'essuyèrent les loix. Au lieu de nous livrer au plaisir pur & à l'admiration qu'inspire ce peuple fameux, & j'ose le dire, encore supérieur à sa réputation, lorsqu'on l'envisage dans ses beaux jours ; notre sujet nous oblige de fixer nos regards sur les taches qui ternirent sa gloire, & sur les tems, où déchu insensiblement de sa vertu & de sa splendeur antique, il se vit enfin confondu dans la foule des nations esclaves de la superbe Maitresse du monde. Ces recherches sont arides, épineuses, & peu susceptibles des couleurs de l'éloquence ; mais peut-être n'en ont-elles que plus de prix aux yeux des sçavans & judicieux amateurs de l'antiquité. Nous n'ambitionnons ici que leurs suffrages & nous nous proposons de leur présenter la vérité sans art, sans autre parure que sa propre beauté.

Je distingue deux sortes de causes d'altération des Loix de Lycurgue, causes internes & causes externes. J'appelle causes internes, celles qui ont leur principe dans les loix même, causes externes, les différens événemens, qui ont concouru à leur décadence. En recherchant ces causes, je suivrai, autant qu'il est possible, les progrès de l'altération & de la corruption des Loix. Je les prendrai au point où elles ont commencé à s'altérer, & je les suivrai jusqu'à leur destruction totale.

ARTICLE. II.

Causes internes de l'altération des Loix de Lycurgue.

ON demande pourquoi les Loix de Lycurgue se sont altérées. On pourroit faire une demande toute opposée, & peut-être aussi naturelle, pourquoi se sont-elles conservées si longtems ?

Ce qu'il y a d'étonnant, c'est que des Loix si singulières & si rigides, aient durant tant de siècles réuni les suffrages, & fixé l'inconstance d'une Nation entière, sans avoir souffert d'atteinte ni d'innovation. Mais qu'enfin elles aient commencé à s'altèrer, c'est le sort de tous les établissemens humains, qui portent dans leur nature même un principe nécessaire de changement & de destruction. Les Loix de Lycurgue ont cessé d'exister précisément parce qu'elles ont existé, répond le plus célèbre Ecrivain de nos jours.

PREMIERE AUSE INANE.

Il suffit d'avoir indiqué cette cause de destruction, qui est commune à tous les ouvrages humains, & qui par conséquent ne porte à l'esprit aucune lumière distincte. Cherchons quelles peuvent être les causes particulières. La première qui se présente, est singulièrement propre aux Loix dont nous parlons, & leur fait trop d'honneur, pour ne pas être placée à la tête de toutes les autres. C'est leur trop grande perfection, leur peu de proportion avec la foiblesse humaine (*a*). Il faut l'avouer. Lycurgue eut une bien haute idée du peuple, à qui il dictoit des loix. Il connoissoit le génie de ses concitoyens ferme, fier, hardi, capable & des plus sublimes efforts, & de la plus inébranlable constance, capable de tout, hormis de survivre à la perte de l'honneur & de la liberté. On peut dire même, ce me semble, sans se livrer à des conjectures trop hazardées, qu'il étoit assez éclairé, pour ne pas négliger la considération du climat & de la position de la Laconie, dont le voisinage presque inaccessible par les montagnes escarpées qui

Euripide. Apud Strab. l. 8.
Ruines de la Gréce, par M. le Roi.
La Guillet. Lacéd. anc. & nouv. p. 100. &c.
Esprit des Loix. l. 16. c. 8.
Science du Gouvernem. t. 1. p. 212. &c.

(*a*) M. de Réal dans son Ouvrage sur la *Science du Gouvernement*, pense bien différemment. *Ce qui prouve*, dit-il, *que les Loix de Lycurgue sont défectueuses, c'est que les Politiques étrangers ne les prirent jamais pour modèles; que les Lacédémoniens eux-mêmes ne purent, ou ne voulurent jamais les établir ni dans leurs Colonies, ni dans leurs Pays de conquêtes, comme dit Isocrate.* Ce caractère des Loix de Sparte, de n'avoir été adoptées par aucun autre Peuple, est au contraire une preuve de leur excellence, selon plusieurs Auteurs, qui remarquent en même-tems qu'elles étoient louées & admirées universellement. Ce n'étoit que leur austérité, leur perfection trop relevée qui effrayoit. Et si les Lacédémoniens ne les établirent, ni dans leurs Colonies, ni dans leurs Conquêtes, c'est que persuadés par leur propre expérience qu'ils devoient à leurs Loix la supériorité qu'ils avoient acquise sur les autres Grecs, ils n'avoient garde de vouloir partager avec personne un avantage dont ils étoient si jaloux. M. de Réal ajoute avec encore moins de fondement, que ces Loix *n'étoient peut-être redevables de tant d'éloges qu'on en avoit faits, qu'à leur mystérieuse obscurité.* Ce qu'il y a de véritablement obscur, c'est la pensée de cet Auteur. On ne devine pas ce qu'il traite de *mystérieuse obscurité*, dans des Loix aussi simples que sublimes, aussi précises qu'austères & vigoureuses. Plutarque & Xénophon, qui nous en ont laissé des tableaux si détaillés & si intéressans, n'ont pas connu cette prétendue obscurité.

l'environnent, paroît avoir influé sur le caractère national. On en retrouve encore quelques traits dans les Maniotes qui habitent cette contrée. Car si c'est une assertion outrée d'avancer avec l'Auteur de l'Esprit des loix, qu'il y a des climats où le physique a une telle force, que le moral n'y peut presque rien; n'est-ce pas donner dans un autre excès, de prétendre que les causes morales détruisent les physiques? Elles les subjuguent, elles ne les détruisent point. Et jamais elles n'opèrent plus sûrement & plus invariablement, que quand on a l'art de les concilier avec celles-ci, & de les faire concourir toutes ensemble au même but.

Plutar. in Politic.

Lycurgue crut donc devoir donner à un Peuple, né si heureusement, les meilleures loix que l'esprit humain pût imaginer. S'il eut eu à policer leurs Rivaux, ce Peuple aimable & spirituel, mais léger, capricieux, capable dans le même jour, & presque dans le même instant, des extrémités opposées, ardent, indocile au joug de quelque nature qu'il fût, redoutable à ses magistrats & compatissant pour ses ennemis; Lycurgue, sans doute, eut fait comme Solon : il se fut contenté de leur donner *les meilleures loix, qu'ils fussent capables de recevoir.*

Plutar. in Solon.

Mais Lycurgue étoit non-seulement pénetré de ce grand principe de politique, que le premier objet de l'étude d'un Législateur doit être le peuple même pour qui il se propose de créer des loix, & que les loix acquièrent une force invincible, & se confondent en quelque sorte avec les mœurs & les passions des peuples, quand il a le talent de les enter sur leurs mœurs & sur leurs passions. Il fit plus, il entreprit, & il parvint (ce qui est le chef-d'œuvre de la législation humaine) à faire germer dans le cœur de ses Concitoyens, des mœurs & des passions nouvelles, en ne leur laissſant voir d'avantages & de diſtinctions, que dans la valeur & la vertu, en écartant ſévérement tout ce qui eſt capable d'énerver & de corrompre, en donnant à tous les jeunes gens une éducation, en preſcrivant à tous les citoyens une vie de Sages & de Héros. Voilà le principe de la durée ſurprenante de ces Loix, de l'obéiſſance parfaite des Lacédémoniens, de cet enthouſiaſme, de cette paſſion unique pour des Loix, qu'aucun autre peuple n'a pu adopter, auxquelles quelques-uns avouoient qu'ils eûſſent préféré la mort.

Lycurgue porta ſes vues encore plus loin. Il parut, dit Platon, comme une Divinité au milieu des hommes. Il vint à bout de réaliſer, ce qu'oſèrent à peine imaginer, d'après lui, les plus grands Philoſophes. Il voulut, ne laiſſant à ſes Concitoyens d'autre paſſion, que l'amour de la gloire & de la patrie, les élever au-deſſus de l'intérêt, de la volupté, de la douleur; éteindre en quelque ſorte les ſentimens naturels, les noms ſi doux de Pere, de fils, de mere, d'époux, & d'épouſe. Les ſentimens Patriotiques, & le nom de Spartiate devoient les remplacer. Il éxigea des enſans & des femmes des épreuves, dont on n'imaginoit pas ailleurs, que les hommes même fûſſent capables. Les délaſſemens & les jeux, que les autres peuples regardent comme néceſſaires, il les retrancha abſolument. Il ne ſouffrit point que perſonne dans ſa République, Homme privé, Roi, Magiſtrat fût un moment à lui-même, libre du joug de la diſcipline commune. Les richeſſes étoient proſcrites pour tous les rangs, & s'il avoit pu ſe trouver quelque ſorte d'opulence chez les Lacédémoniens, elle devenoit entierement inutile, & même à charge. Ce n'étoit qne dans le ſein des fatigues & des périls de la guerre, qne ce Peuple ſin-

Plat. l. 3. de Leg. p. 591.

Plutar. in Lyc.

gulier pouvoit espérer quelque adoucissement, quelques intervalles de repos. Les liens de cette austère discipline, qui régnoit à Sparte dans toute sa vigueur, sembloient se relâcher un peu dans les Camps. Il étoit permis aux jeunes guerriers de se parer de leurs armes, & de se coiffer avec art.

L'Histoire nous a conservé des traits de ce genre, qui prouvent l'allégresse, & le sang froid admirable du Soldat Lacédémonien, au moment d'une bataille. Xerxès qui étoit venu fondre sur la Grèce à la tête de l'Asie presque entiere, envoye reconnoître l'ennemi, c'est-à-dire, une poignée de Spartiates, qui osoient l'attendre & le défier aux Thermopyles. On lui rapporte qu'on les avoit trouvés hors du Camp, qui se divertissoient aux exercices militaires, & peignoient leur chevelure. C'étoit leur manière ordinaire de se préparer au combat, qui étoit pour eux une fête.

Herod. l. 7. p. 515.

Lacédémone, il est vrai, se maintint pendant plusieurs siècles dans cette rigidité de mœurs plus qu'humaine. Mais si le Législateur eût donné quelque chose à la foiblesse de l'humanité, s'il eût respecté davantage les droits & les penchans de la Nature, si le désir d'une vertu chimérique ne lui eût fait passer quelquefois les bornes, son Ouvrage sans doute eut été encore plus solide & plus durable. Il n'auroit eu à redouter que les outrages du tems, & les caprices du sort. Il n'eut point eu à combattre sans cesse un ennemi, qui tôt ou tard triomphe de ses vainqueurs, la Nature. Lycurgue en accoutumant les Lacédémoniens à la douleur, leur apprit à la surmonter, & à la braver. Mais en écartant dès leurs premieres années tous les plaisirs, il ne leur avoit point enseigné à les prendre avec modération. Il les exposa à en être

Plat. l. 1. de Leg. p. 568. &c.

vaincus & amollis, si jamais ils venoient à les goûter. C'est une remarque de Platon, bien digne de ce profond Philosophe, & que l'Histoire de Lacédémone a trop vérifiée. (*a*)

C'est avec fondement qu'on reproche à Lycurgue d'avoir porté les vertus à l'excès. La fermeté des pères & des mères, en apprenant la mort de leurs enfans, tués pour la Patrie, en voyant d'un

---

(*a*) Des Sçavans dont je respecte les lumières, ont prétendu affoiblir la première cause que j'apporte de l'altération des Loix de Lycurgue, en remarquant que sa Législation étoit d'autant plus solide, qu'elle n'avoit rien accordé à la nature, ni aux plaisirs les plus innocens; qu'il en étoit comme de la réforme de la Trappe, où tout seroit perdu, si on la relâchoit par des plaisirs permis. La réponse à cette difficulté pourroit faire la matière d'une nouvelle dissertation. J'en indique seulement les points principaux, que la pénétration de mes Lecteurs développera beaucoup mieux que je ne pourrois faire.

Je prie d'observer 1°. que je reproche à la Législation de Lycurgue, non pas précisément d'être en plusieurs points trop pénible pour la nature, mais sur-tout de lui être directement oposée. Et voilà déja une difference essentielle avec la Trappe, où il n'y a que des privations. Lycurgue brisoit violemment les liens les plus forts que la Nature ait donnés à la société, pour unir les hommes entr'eux. Il étouffoit les sentimens les plus vifs & les plus doux de père, de mère, de fils, d'époux & d'épouse, lesquels sagement dirigés par la Politique, peuvent devenir des ressources précieuses pour l'Etat, & que ne remplaceront jamais des sentimens factices, & trop affoiblis à force de se diviser. 2°. Je pourrois insister sur les vues & sur les secours de la Religion, sans lesquels le plan de la Trappe ne feroit que grossir le nombre des belles chimères, ainsi que la République de Platon. Je me contente de demander si d'un petit nombre d'hommes, qui viennent de leur propre choix embrasser un genre de vie inpraticable pour la multitude, & qu'il est aisé de séparer de tout commerce avec la société, & du spectacle de ses plaisirs & de ses désordres; je demande si l'on est en droit de conclure quelque chose

œil sec couler leur ſang par la plus inſenſée des ſuperſtitions, dégénéroit en inhumanité. Leur juſtice étoit cruelle, leur vertu avoit quelque choſe de révoltant & de farouche : elle fait peur quand elle ne fait pas de mal, diſoit Periclés dans cette Oraiſon funébre, chef-d'œuvre à la fois de Politique & d'Eloquence. (a) Leur amour pour la Patrie alloit juſqu'à étouffer la Nature. Même dans les ſiècles les plus polis, on diſtingua toujours les deſcendans des Doriens, Peuple féroce & groſſier, que les Héraclides, à leur retour dans le Péloponèſe, avoient amenés avec eux des Montagnes de Theſſalie. On ne peut excuſer Lycurgue d'avoir paru favoriſer le vice du ſang & du climat, par le genre de vie & par l'éducation qu'il preſcrivit, au lieu de le combattre de toutes ſes forces. Car l'éducation des Lacédémoniens, toute admirable qu'elle étoit, ne laiſſoit pas d'avoir de grands défauts. Nous allons en offrir un, qui nous fournira la ſeconde Cauſe de l'altération des Loix.

Thucyd. l. 2. n. 60. &c.

Mém. de l'Acad. des B. Let. t. 29. p. 64.

---

pour un Peuple entier, obligé d'entretenir avec ſes voiſins des rapports de toute eſpèce, qui lui rappellent malgré qu'on en ait, & lui remettent continuellement ſous les yeux ce qu'on veut cependant lui interdire, & à quoi la Nature d'ailleurs le porte avec le plus de force. C'eſt ici que trouve ſon application la réflexion de Platon, que j'ai citée, & qui renferme un grand ſens digne d'être médité par un Philoſophe & par un homme d'Etat.

(a) J'ai vu avec plaiſir l'impreſſion qu'avoit faite ſur moi la lecture de ce Diſcours, juſtifiée par un ſuffrage de grand poids. « Ce Diſcours, dont l'Hiſtorien Thucydide a conſervé le fond, paſſe pour un des plus beaux morceaux de l'antiquité », dit M. Hardion, ce Savant Académicien, dont la mort cauſe un deuil dans la République des Lettres, qui regrette ſes talens, & l'uſage qu'il en a fait. On remarquera qu'on travailloit à cette diſſertation, peu de tems après la mort de M. Hardion.

Hiſt. univ. t. 2. l. 5. p. 185.

On a coutume de reprocher à Lycurgue, de n'avoir pensé qu'à former un Peuple de Soldats, d'avoir dirigé toutes ses institutions à ce but unique, comme si la paix n'étoit pas l'état naturel d'une République, & la guerre un état violent, qui ne peut être de trop courte durée. Platon ne fait qu'insinuer ce reproche, mais Aristote s'explique sur ce point avec beaucoup de force & de liberté. Il prouve très-bien, qu'un Législateur ne doit point avoir en vue de faire des Conquérans, mais des hommes libres, & de garantir la liberté de ses Citoyens contre les entreprises de ces héros trop vantés, véritables fléaux de la terre; qu'on ne doit dominer sur les Peuples, que pour faire leur bonheur, & que la liberté ne peut être ravie justement, qu'à ceux qui s'en montrent indignes. Il conclut que Lycurgue est bien blâmable, de ne s'être proposé que de former des Guerriers & des Conquérans, & de n'avoir pas appris aux Lacédémoniens à souffrir la paix. Aussi, ajoute-t-il, après avoir fait des prodiges dans la guerre, ils se sont perdus dans la paix. Je vais plus loin, & je fais une observation, qui a un rapport plus immédiat avec mon objet, & qui servira d'éclaircissement ou de correctif à la censure d'Aristote. Je trouve une sorte de contradiction dans les Loix de Lycurgue, qui résulte d'une part de cet esprit d'ambition & de jalousie de la gloire militaire, qu'il répandit parmi ses compatriotes, par les principes qu'il inspira à la jeunesse, par l'éducation martiale qu'il lui donna; & de l'autre, de l'impuissance où il les réduisit de satisfaire cette ambition, en leur ôtant tous les fonds, toutes les ressources nécessaires aux Conquérans, décriant l'or & l'argent, leur interdisant la mer & tout commerce avec l'Etranger, leur défendant de poursuivre l'Ennemi, de faire

SECONDE CAUSE INTERNE.

Plat. l. 1. de Lég. p. 566. &c.

Arist. l. 8. de Rép. c. 14. Edit. Casaub.

souvent la guerre au même Peuple. C'est ce que Polybe fait entendre assez clairement. Il me suffira d'en extraire un passage très-sensé & très-lumineux.

Polyb. l. 6. Comme Lycurgue, dit-il, a rendu les Lacédémoniens sages & modérés dans la vie privée, & dans le gouvernement intérieur de l'Etat, il auroit fallu qu'il inspirât également la modération & l'éloignement de toute ambition à sa République. Point du tout. Il laissa les Lacédémoniens très-avides des possessions des autres Peuples, & brûlant de commander à la Grèce entière. Qui ne sçait qu'ils furent les premiers de tous les Grecs, qui envahirent les terres de leur voisins, & qu'ils montrèrent une obstination & un acharnement inconcevable dans les guerres de Messénie, dont leur cupidité fut la véritable cause? Tandis qu'ils se bornèrent à faire des conquêtes dans le Péloponèse, les vivres & les troupes que leur fournissoit la Laconie, pouvoient suffire à leurs entreprises. Mais quand ils voulurent avoir des armées navales, porter leurs armes au-delà de l'Isthme, & jusqu'en Asie, ils éprouvèrent que leur monnoie de fer, & l'échange de leurs denrées qu'ils faisoient suivant leurs Loix, ne pouvoient être d'une grande ressource. Convaincus qu'il falloit, ou s'affranchir de la sévérité de leurs Loix, ou renoncer au desir d'obtenir l'Empire de la Gréce, après lequel ils soupiroient, la passion l'emporta enfin. Ils imposèrent des tributs aux Insulaires & aux autres Grecs, ils firent bassement la cour aux mêmes Barbares, qu'ils avoient repoussés avec tant de gloire. Ils trahirent la liberté commune, en donnant les mains à l'infâme traité d'Antalcide, dans la vue de tirer des Grecs & des Perses les sommes nécessaires pour armer des flottes, & pour mettre la Grèce entière dans leurs fers. La République

blique de Lacédémone, conclut Polybe, se suffisoit à elle-même, pour la défense de sa liberté & de ses frontières. Considérée sous ce point de vue, il n'y a point d'Etat, & il n'y en eut jamais qu'on puisse lui préférer. Mais si l'on estime qu'il est beau & glorieux de s'aggrandir, & d'étendre au loin sa domination; il faut avouer que la République de Lycurgue est bien défectueuse de ce côté-là, & qu'elle n'est point à comparer avec la République Romaine.

Il est clair par ce que dit Polybe, & encore plus par l'examen des Loix de Lacédémone, que le but de Lycurgue n'étoit point du tout de faire des Conquérans (*a*), comme Aristote le lui reproche, mais plutôt de rendre la liberté de Lacédémone respectable à tous ses voisins,

---

(*a*) » Comment, dit M. de Réal, Lycurgue avoit-il pu » espérer que sa Communauté, qui ne connoissoit point » de récompense éternelle, conserveroit l'esprit ambi- » tieux d'acquérir à travers mille fatigues & mille périls, » sans espérance d'augmenter sa portion, ou de diminuer son » travail? La gloire seule, dénuée de ces avantages..... » peut-elle être un assez puissant aiguillon pour la mul- » titude? » Ce passage tiré d'un Livre estimable, peut être cité comme un modèle de mauvais raisonnement. On est d'abord fort étonné de trouver ici la *récompense éternelle*, comme si elle étoit le principe de cet *esprit ambitieux d'acquérir à travers mille périls & mille fatigues*. D'ailleurs bien loin d'espérer dans ses Concitoyens cette sorte d'esprit, Lycurgue le craignit, & fit tout ce qu'il put pour l'écarter. On suppose ensuite, que *cet esprit n'a pu se conserver*, parce qu'il n'étoit pas soutenu par l'*espérance d'augmenter sa portion, ou de diminuer son travail*. (Quelles expressions! L'Auteur oublie qu'il parle des Spartiates.) Mais l'Histoire dépose du contraire. Et la gloire dénuée d'un semblable avantage, qui n'en étoit pas un aux yeux des Spartiates, fut toujours le plus puissant aiguillon pour un Peuple de Héros, à qui ce terme méprisant (*la multitude*) ne peut convenir.

Science du Gouvernem. t. I. p. 200 &c.

& d'assurer la stabilité de ses Loix, en l'empêchant de s'étendre au-delà du Péloponése. Mais le danger de cette éducation guerriere auroit-il donc échappé à l'œil d'un Législateur si pénétrant ? N'auroit-il pas senti sur-tout combien elle étoit opposée au plan, qu'il avoit combiné avec tant de sagesse ? Lycurgue le comprit très-bien, aussi tâcha-t-il de réprimer par ses Loix, cette ardeur martiale qu'il avoit allumée lui-même. Mais la fougue d'un Peuple de guerriers pouvoit-elle long-tems respecter ce frein ? Les Lacédémoniens, aussitôt après la mort de Lycurgue, firent des courses sur leurs voisins, entreprirent & vinrent à bout de subjuguer les Tégéates. Ils tomberent ensuite sur les Argiens, puis commencèrent les longues & sanglantes guerres de Messénie.

Herod. l. 1. p. 28. &c. Justin l. 3. Pausan. in Messen. Diod. in Fragment.

Plutar. in Lysan.

Plurarque, après avoi dépeint Lysander, comme supérieur à toutes les voluptés, excepté celle qui naît de la gloire & de l'ambition, remarque que c'étoit l'effet de l'éducation de Sparte, où l'on veut que les enfans dès leur bas âge sentent l'aiguillon de la gloire. On vit les suites de cette éducation dans Lysander, qui contribua plus que personne à renverser les Loix de sa Patrie. Cette ambition, cet orgueil démesuré gagnoit jusqu'aux derniers rangs. Cinadon qui n'étoit connu que par sa force & son audace, osa se metter à la tête d'une conjuration contre le Roi Agésilas, les Ephores, les Sénateurs & les principaux Spartiates. Arrêté & interrogé sur ce qui avoit pû le porter à un tel attentat, il répond comme César, qu'il ne pouvoit souffrir de plus grand que lui. (a) L'orgueil des

Xénoph. Hist. Græc. l. 5. p. 494 &c. Diod. Sic. l. 12. p. 114. Edit. Rhod.

(a) Ὁ δὲ ἀπεκρίνατο μηδενὸς ἥττων εἶναι ἐν Λακεδαίμονι.

Anciens Spartiates, l'autorité qu'ils s'arrogeoient, ne révoltoient pas seulement l'orgueil de Cinadon, ils les faisoient détester & des Ilotes, & des nouveaux Citoyens, & des Lacédémoniens de Province, qui ne pouvoient dissimuler, lorsqu'on prononçoit leur nom devant eux, *qu'ils auroient voulu les manger tout vifs.* (*a*) Cinadon sûr de les voir tous se ranger de son parti, ne doutoit point du succès de la conjuration. Ils étoient en effet mécontens & aliénés à un tel point, qu'après la journée de Leuctres, on en vit combattre sous les drapeaux des Thébains, lorsqu'Epaminondas pénétra dans la Laconie, pour la ravager, & détruire Lacédémone de fond en comble. Xénophon. Hist. Græc. l. 6. p. 609.

Cette hauteur, cette inégalité trop marquée des Citoyens de la Capitale étoit un des endroits foibles du Gouvernement de Sparte. Il n'échappa point à Périclés, dans cette fameuse Oraison funèbre, où cet habile politique s'attache à remplir de confiance ses Concitoyens, & à relever leur supériorité sur des Rivaux, dont il connoissoit le mérite mieux que personne. Isocrate nous représente par-tout les Spartiates brûlant d'une soif insatiable de dominer, qui ne leur donne ni à eux-mêmes ni aux autres, un seul moment de relâche. »Quoiqu'au nombre seulement »de deux mille, (*b*) ils se jugèrent indignes de la vie, »s'ils ne commandoient à tout le Péloponèse. Leur »ambition & l'empire de la mer, qu'ils usurpèrent

Thucyd. l. 2.

Isoc. Orat. de Pace & in Panat. Passim. p. 492. Edit. wolf. Paris. 1615.

(*a*) Οὐδένα δύνασθαι κρύπτειν τὸ μὴ οὐκ ἡδέως ἂν καὶ ὠμῶν ἐσθίειν αὐτῶν.

(*b*) Je n'ai pas besoin d'avertir qu'Isocrate remonte aux premiers tems de Lacédémone. Ce passage n'en a que plus de force pour prouver l'ambition excessive des Lacédémoniens, que leur Législateur trouva, pour ainsi dire, née avec eux, & qu'il eut l'imprudence de nourrir & d'enflammer encore davantage.

»quelque tems, furent cause de leur perte, & de »l'altération de leurs Loix.»

Thucyd. Præfat. Xenophon. Hist. Græc. l. 5. Passim.

Xénophon & Thucydide beaucoup plus croyables & plus impartiaux s'accordent pour assurer que la jalousie de la puissance d'Athènes & de Thèbes, que l'ambition dont Lacédémone avoit reçu le germe de la main de son Législateur, furent les véritables causes de la guerre du Péloponèse, & de la guerre de Thébes, toutes deux presque également funestes aux Loix de Sparte, quoique le succès en ait été si différent. Elle ne put terminer la première à son avantage, qu'en équippant de grandes flottes, & en puisant dans les trésors des Perses, au mépris de ses Loix les plus sacrées. La seconde, en portant à sa puissance un coup mortel, ébranla sa constitution, & en prépara la ruine entière.

Diod. Sic. Fragment. Constant. Porphyro.

Diodore de Sicile nous a conservé un trait peut-être unique de cette jalousie de la puissance & de gloire, lequel prouve jusqu'à quel point les peuples les plus simples & les plus droits sont capables de dissimulation & de rafinement, quand il s'agit de satisfaire leur passion. Comme les Eléens, dit-il, gouvernoient très-sagement leur République, & se multiplioient beaucoup, les Lacédémoniens en prirent ombrage, & leur tendirent un piége, pour les engager à se relâcher insensiblement de leur ancienne discipline, & pour les enerver par les douceurs de la paix. Ils obtinrent le consentement des autres Grecs, pour les consacrer à Jupiter. Dès lors les Eléens, comme dévoués uniquement au service du père des Dieux, furent dispensés de prendre part à la guerre contre les Perses, de même qu'à toutes les guerres particulières des Grecs entre eux. Dans la suite ils perdirent ce privilége, & les Lacédémoniens persuadés qu'un peuple amolli par un long repos ne tiendroit pas long-temps contre leurs armes toujours victorieuſes, trouvèrent bientôt des prétextes plauſibles, pour les attaquer. Les Eléens n'en furent pas la dupe. Ils leur reprochèrent ouvertement le deſſein qu'ils avoient formé d'aſſujettir toute la Gréce. Diod. l. 14. p. 247.

Il faudroit citer preſque tous les Ecrivains de l'antiquité, ſi nous voulions recueillir ici tous les paſſages qui dépoſent de l'ambition des Lacédémoniens, fruit de leur éducation. Chaque Lacédémonien ſe croyoit né pour commander à tous les autres hommes, & avec quelque raiſon ſans doute, puiſqu'ils avoient dans l'ame une fierté, une élévation, que nous ne voyons dans aucun autre peuple, ſi peut-être on excepte les Romains. Les Athèniens eux-mêmes, qui prétendoient l'emporter ſur tous les autres Grecs, le cédoient ſans difficulté aux Lacédémoniens, quand ils étoient en paix avec eux. Et dans la guerre du Péloponnèſe, les Ambaſſadeurs de Sparte les ſommèrent hautement d'avouer qu'ils reconnoiſſoient la ſupériorité des Spartiates, puiſqu'ils refuſoient d'échanger les priſonniers, un Spartiate pour un Athènien. Thucyd. l. 2. Diod. Sic. l. 12. p. 114.

L'autorité d'Iſocrate eſt du plus grand poids, lorſqu'il parle à l'avantage de Sparte. Les Lacédémoniens, dit-il, ſont les ſeuls parmi les Grecs, qui n'ont jamais voulu recevoir d'ordre de perſonne. Mais ils parurent avec éclat à la tête de tous les Grecs, dans la guerre contre les Perſes. Ils ſont les ſeuls peuples, qui ſoient ſortis victorieux de toutes les guerres qu'ils ont entrepriſes. Iſocr. in Panat. p. 49[illegible].

Il fait ainſi parler le Roi Archidamus, après la bataille de Leuctres, pour détourner ſes Citoyens de faire avec Thèbes, une paix peu honorable. « Des hommes, qui juſqu'à ce jour ſe ſont » couverts de gloire, & que leur magnanimité a Iſocr. Archidam. p. 2[illegible]1.

» mis au-dessus de tous les Grecs, il faut, ou » qu'ils continuent d'être à la tête de la Gréce, » ou qu'ils cessent d'exister, emportant avec eux » dans le tombeau leur gloire toute entière. Il » est permis aux Epidauriens, aux Corinthiens, à » tant d'autres de ne s'occuper que de leur con- » servation. Mais les Lacédémoniens ont devant » les yeux, les exemples de leurs pères, qui leur » ont enseigné à ne penser à leur salut, qu'après » avoir mis à couvert leur honneur..... Quelle » République osera s'égaler à la nôtre, qui apprend » à chacun de ses Citoyens, à mourir les armes » à la main, plutôt que de reculer jamais, à » ne rien craindre, que la perte de sa réputa- » tion » ?

Ibid. p. 20. &c.

Le même Orateur se plaint amèrement de ce que plusieurs Ecrivains parlent de Sparte, avec le même enthousiasme que si elle étoit peuplée par des demi-Dieux. Cette saillie contre Sparte vaut un éloge entier, & fait peut-être plus d'honneur à cette Ville, que n'en peut faire à Athènes, le long & brillant Panégyrique d'Isocrate, composé avec tant d'art, fruit de dix années de veilles.

Mais cette hauteur d'ame, ce désir insatiable de commander & de conquérir, qui convenoit si bien à Rome, ne pouvoit qu'être fatal à la constitution de Sparte. Et c'est-là, à mon avis, la première & la principale cause de la révolution, que subirent dans la suite des siècles le gouvernement & les mœurs des Lacédémoniens. L'ambition fraya le chemin à l'avarice, & à tous les vices qui l'accompagnent, en faisant naître le besoin & l'amour des richesses. Les excursions & les conquêtes des Lacédémoniens daus les Pays étrangers, leur mélange avec les troupes des Barbares leur en firent insensiblement contracter les mœurs & les usages, qu'ils transportèrent à Lacédémone ; & cette austère République, après s'être défendue plus long-tems qu'aucune autre, contre la séduction de la nouveauté, de l'or & des voluptés, affoiblie par degrés, elle se laissa enfin entraîner au torrent, & finit par se déchirer elle-même, & par devenir la proie des plus vils & des plus cruels des Tyrans.

Les plus judicieux Philosophes de l'antiquité ne s'éloignent pas de ce sentiment. Le Gouvernement de Lacédémone, dit Plutarque, étoit admirable pour la paix & pour la vertu. Dès qu'elle voulut s'étendre par des conquêtes, dont Lycurgue étoit persuadé qu'elle n'avoit pas besoin, pour être heureuse, elle déchut de sa première splendeur & périt. Avant Plutarque, Aristote & Platon avoient reproché vivement l'ambition & la brigue au gouvernement de Lacédémone, & trouvoient fort à redire qu'on donnât les places vacantes dans le Sénat, à ceux qui les briguoient, ce qui enflammoit encore plus l'ambition, allumoit la jalousie, occasionoit des divisions & des séditions. Ils se plaignoient qu'à Lacédémone le courage étoit sans cesse exalté, & aux dépens des autres vertus, que l'éducation y étoit trop dure : *comme si*, ajoute Aristote, *la valeur ne se faisoit sentir qu'aux cœurs farouches & insociables. Ne sçait-on pas au contraire, qu'elle s'accorde parfaitement avec des mœurs douces ?* Il auroit pu appuyer ce sentiment par l'exemple de ses compatriotes, aussi aimables dans la société, que terribles les armes à la main ; comme un Peuple, dans qui l'on croit retrouver la plûpart des vertus & des défauts des Athéniens, pourroit encore en servir de preuve de nos jours.

Plutarq. in Agesil.

Plat. l. 7. de Rep. p. 482. l. 8. p. 493.

Arist. l. 2. de Rep. c. 9.

Le portrait que fait Platon des Lacédémoniens

Plat. l. 8. de Rep. p. 493.

de ſon tems, eſt ſans doute chargé, mais très-piquant. Nous allons en préſenter quelques traits, ſans oublier ce qui mérite une attention particulière, c'eſt la cauſe qu'il aſſigne de leur corruption.

Ce qu'il y a de propre à ce gouvernement, c'eſt qu'on craint d'élever les Sages aux premières Dignités. On leur préfére des caractères ardens & inquiets, plus portés à la guerre qu'à la paix. Les citoyens adorateurs farouches de l'or, le renferment dans l'épargne & dans leurs coffres, d'où ils ne le tirent que pour le diſſiper avec les femmes, & avec les compagnons de leurs débauches. Avares de leurs richeſſes, dont ils font d'autant plus de cas, qu'ils ne peuvent les acquérir, qu'à la faveur des ténébres, ils ſont prodigues de celles d'autrui, dès qu'il s'agit de ſatisfaire leurs paſſions. Livrés en ſecret a la volupté, ils ſe cachent de la Loi, comme un enfant libertin ſe cache de ſon père. Le principe de ces déſordres, c'eſt que la contrainte a eu plus de part à leur éducation, que la perſuaſion. C'eſt qu'ils ont négligé de cultiver la Muſique & la Philoſophie, pour s'adonner entierement à la Gymnaſtique. On ſçait que Platon par la Muſique, comme lui-même l'explique ailleurs, entend en général toutes les connoiſſances qui ſont du reſſort des Muſes, & ſpécialement cette partie de la Philoſophie, qui s'attache encore plus à perfectionner l'ame, qu'à orner l'eſprit, qui faire régner une harmonie parfaite entre tous ſes mouvemens, en modère les déſirs, en dirige ou réprime les ſaillies.

Plat. l. 2. de Rep. p. 419. l. 7. p. 485. Ed. Mar. Fic. l. 3. de Rep p. 401. &c. 411. & Tim. Loc. de Ani. mun. p. 104. Edit. Serra.

Joignons aux Anciens un Moderne, qui auroit honoré les plus beaux ſiècles de Rome & de la Grèce. « On ne peut avoir plus d'eſprit qu'on en » avoit à Athènes, ni plus de force qu'on en avoit » à Lacédémone, dit le Grand Boſſuet. Athènes

Hiſt. univ. 3. P. c. 5.

» vouloit le plaisir, la vie de Lacédémone étoit » dure & laborieuse. L'une & l'autre aimoit la » gloire & la liberté. Mais à Athènes la liberté ten- » doit naturellement à la licence, & contrainte » par des Loix sévères à Lacédémone, plus elle » étoit réprimée au-dedans, plus elle cherchoit à » s'étendre en dominant au-déhors. . . . . Comme » toutes ses Loix tendoient à faire une Républi- » que guerriere, la gloire des armes étoit le seul » charme, dont les esprits de ses citoyens fussent » possédés. Dès-la naturellement, elle vouloit do- » miner, & plus elle étoit au-dessus de l'intérêt, » plus elle s'abandonnoit à l'ambition. . . . . Un » gouvernement trop rigide, & une vie trop la- » borieuse y rendoient les esprits trop fiers, trop » austères & trop impérieux. Il falloit se résoudre » à n'être jamais en paix sous l'empire d'une Ville, » qui étant formée pour la guerre, ne pouvoit se » conserver qu'en la continuant sans relâche . . . . . » Lacédémone, la plus ambitieuse des Républiques » Grecques, fut la première à faire entrer les Per- » ses dans les querelles des Grecs ».

Il est tems de passer à une troisiéme Cause de l'altération des Loix de Lacédémone. C'est le défaut d'éducation dans les héritiers présomptifs du trône, qui seuls, observe Plutarque, étoient affranchis dans leur jeunesse, de la rigueur de la discipline Lacédémonienne, tandis que c'étoient eux plus que personne, qui destinés à commander auroient dû être formés dans cette excellente école à obéir aux Loix, & à donner à leurs Sujets l'exemple des vertus Spartaines. Il est vrai que le partage singulier de la Dignité Royale, le peu d'autorité que Sparte confioit à ses Rois, moins puissans que les Consuls de Rome, sembloient rendre le danger moins pressant, & leur exemple

TROISIEME CAUSE.

Plutar. in Ag... init.

moins contagieux. Mais il faut remarquer que les Rois étoient les Généraux nés, pour ainsi dire, d'une République, dont la guerre étoit l'élément, & qu'à la tête des Armées, ils devenoient presque aussi absolus, qu'ils avoient été dépendans dans l'enceinte de Sparte.

Isocr. Nicoc. p. 54.

Chargés d'aller faire des conquêtes, ou de secourir les alliés dans les pays étrangers, ils étoient plus exposés que personne, à en prendre les mœurs & les vices, & à les rapporter dans leur patrie. Et ce fut alors qu'on sentit de quelle conséquence étoit l'indulgence si déplacée du Législateur.

Il est saus doute extremement singulier que Lycurgue se soit ainsi relâché de la sévérité de sa discipline à l'égard des Rois. Pourroit-on le soupçonner de mollesse, ou de basse adulation ? Sa conduite, toute sa législation écarte bien loin de lui un pareil reproche. On voit au contraire combien il avoit à cœur de tenir les Rois dans la plus étroite dépendance, & de les mettre hors d'état de causer jamais d'ombrage au Sénat ou au Peuple. D'ailleurs cette dispense, qui les privoit seuls d'une excellente éducation, qui leur étoit plus néeessaire encore qu'à leurs Sujets, donnoit à ceux-ci une grande supériorité sur eux. Ne pourroit on point conjecturer de-là que c'est plutôt contre eux que pour eux, qu'elle fut accordée par le Législateur ; que c'est ici un trait de politique rafinée de cette ame républicaine, point du tout un acte de déférence & de ménagement pour la Dignité Royale ? Cette idée qui, peut paroître un paradoxe au premier coup-d'œil, acquiert par l'examen beaucoup de vraisemblance. Et je la propose avec confiance, parce qu'elle n'est pas de moi, & qu'elle m'a été suggérée par un de nos meilleurs Ecrivains, plus estimable encore comme ami, que comme ſavant & homme de Lettres. Cette ſorte de jalouſie qui empêchoit Lacédémone de communiquer les avantages de ſa législation, étoit tout à-fait dans ſon génie. C'eſt pour cela qu'elle ne voulut jamais établir ſes Loix dans ſes Conquêtes, ni même dans ſes Colonies, qu'elle accordoit ſi rarement le droit de bourgeoiſie, qu'elle donnoit à ſes eſclaves une éducation toute opposée à celle de ſes citoyens.

On a même prétendu que Lycurgue interdit le commerce avec tous les Etrangers, de peur qu'ils n'empruntâſſent d'elle ſa police & ſes vertus. Un motif ſi bas & ſi vicieux ne peut ſans doute avoir été celui du Légiſlateur le plus vertueux de l'antiquité. J'en crois aiſément Plutarque, qui s'attache à prouver contre Thucydide, que Lycurgue ne craignit jamais que les Etrangers rapportâſſent chez eux les vertus & la ſage diſcipline de Sparte, mais plutôt qu'ils ne portaſſent eux-mêmes à Sparte leurs propres vices.

Peric. apud Thucyd. l. 2.

Plutar. in Lyc.

Après les Etrangers & les eſclaves, c'étoit, ce ſemble, de ſes Rois que Sparte ſe défioit le plus. Elle avoit adopté pluſieurs réglemens, qui ne tendoient qu'à borner & à contenir la puiſſance Royale. Le partage unique du nom & des fonctions de Roi, entre deux familles rivales, & preſque toujours ennemies, avoit-il d'autre principe ? Pourquoi s'expoſoit-on au riſque de faire échouer les entrepriſes les plus importantes, en affectant de donner pour conſeil & pour adjoints aux Rois, qui commandoient les armées, les citoyens qu'on ſavoit leur être le plus opposés ? Pourquoi les Ephores condamnèrent-ils Agéſilas à cette amende biſarre qui n'avoit point d'exemple juſques-là, & qui n'en eut plus dans la ſuite ? ὅτι τοὺς κοινοὺς πολίτας ἰδίους κτᾶται.

Plutar. in Ageſ.

Pourquoi cet usage encore plus bisarre des Ephores, qui tous les neuf ans observoient le ciel, dans une nuit sereine & sans lune, & s'ils voyoient une étoile tomber, avoient le droit de déposer les Rois, comme coupables de quelque crime contre les Dieux, ou du moins les suspendoient des fonctions de la Royauté, jusqu'à ce qu'un Oracle de Delphes ou d'Olympie les réhabilitât? Croira-t-on que le plus éclairé des Législateurs ait donné dans une superstition si pitoyable? C'étoit encore la Politique, qui se cachoit sous le voile de la Religion, comme nous avons vu qu'elle empruntoit les dehors du respect pour la premiere Dignité de l'Etat, tandis qu'elle ne pensoit réellement qu'à l'affoiblir & à l'avilir.

Plutar. in Agid.

Quoi qu'il en soit, cent traits de l'Histoire de Lacédémone nous font sentir, & l'indispensable nécessité de l'éducation commune pour les Rois, & les suites fâcheuses de la dispense accordée par le Législateur.

Pausanias amolli par les délices des Perses, imitateur de leur luxe & de leur faste, communiqua le premier la contagion. Je sais que Pausanias n'étoit pas Roi, quoiqu'il en exerçât les fonctions durant la minorité de Plistarque, fils de Léonidas, & que par conséquent il a du recevoir l'éducation commune de son pays. Mais son exemple n'en prouve que mieux la force de la séduction. Car si les principes de la plus mâle & de la plus austère discipline ne purent sauver sa vertu & son innocence, que n'avoient donc pas à craindre les Généraux, à qui ce secours manquoit? Agésilas dans la même situation, se montra incorruptible. Il en fut redevable, & à l'éducation qu'il avoit eue, n'étant point destiné par sa naissance au Trône, & à la trempe de son ame vraiement

Valer. Maxi. l. 2 c. 6. Diod. l. 11. p. 35 &c. Corn. Nep. in Pausan. Diod. l. 11. p. 24.

Lacédémoniene. Agésilas fils puîné du Roi Archidamus, dit Plutarque, fut élevé comme les autres enfans dans une discipline très-rude. C'est pour cela que Simonide appelle Sparte, *domteuse d'hommes*, (*a*) parce que c'est elle qui par la force de l'éducation triomphe des naturels les plus rebelles, & les rend souples & soumis à la Loi. Voilà pourquoi Agésilas fut de tous les Rois de Sparte, celui qui s'accorda le mieux avec ses Sujets, & avec les Ephores. Il rendit son autorité douce & aimable, par des manières pleines de bonté & d'affabilité. Il sçut enfin commander, parce qu'il avoit appris à obéir. Au milieu du faste & des voluptés de l'Asie, il se maintint dans toute la simplicité & l'austérité Spartaines. Les plus grands Seigneurs de Perse venoient dans de superbes équipages, faire la cour à un homme qu'ils trouvoient assis à l'ombre d'un arbre sur le gazon, & vêtu d'une méchante cape. Accoutumé à la frugalité des repas de Lacédémone, il montre le cas qu'il faisoit des parfums qu'on lui présente, & de tous les rafinemens, dont se glorifie cet art, aussi meurtrier que frivole. *Qu'on porte tout cela*, dit-il, *aux Allotes*. Au premier ordre des Ephores, il abandonne les magnifiques espérances, que lui donnoit le succès de ses armes, lorsque maître de plusieurs Provinces, il faisoit trembler le grand Roi sur son Trône : il vole comme le dernier de ses Sujets, au secours de sa patrie. Arrivé à Sparte, il montra que le commerce des Barbares n'avoit pu lui faire oublier les leçons qu'il avoit reçues dans sa jeunesse. Il ne changea rien à sa manière de vivre, aux meubles de sa maison, à ses armes, ni même au train de sa femme. Je dis

Plutar. in Agesf. Init. & Passim.

Corn. Nép. in Agesf. Xénoph. Orat. de Agesf. Rég. p. 652.

Xénophon, Orat. de Agesf. p. 657, 665 &c.

(*a*) Δάμας ίμβροτος.

tout en un mot. Sa rigide & ombrageuſe Patrie, pour exercer contre lui ſa cenſure, fut obligée de lui faire un crime, de ce qui ſuppoſe preſque toutes les vertus réunies dans un Roi, de ce qui élève ſa gloire bien au-deſſus de la gloire des Héros & des Conquérans Elle le condamna à l'amende, ſous prétexte qu'il s'attachoit à lui ſeul tous les cœurs, qui n'appartenoient qu'à la République, & qui devoient ſe partager entre tous les Citoyens.

Voilà une partie des prodiges de l'éducation de Lacédémone dans le plus puiſſant de ſes Rois. (*a*) On peut voir le reſte dans l'éloge d'Agéſilas par

---

(*a*) On m'a fait encore l'honneur de me critiquer ici, en diſant que ſi les Rois n'avoient pas l'éducation commune de Sparte, ils avoient une éducation particulière, qui en tenoit lieu. Mais qu'entend-on par cette éducation particulière ? Eſt-ce une éducation qui eût le caractère, & qui conſervât les avantages de l'éducation, que Sparte faiſoit donner à tous les enfans de l'Etat ? Si l'on n'entend pas une pareille éducation, on ne dit rien. Je ne nie pas que les Rois ne puiſſent avoir reçu une éducation quelconque à Sparte, comme chez les autres peuples. Mais qu'importe ? Pour m'attaquer ſérieuſement, il faut donc avancer que l'éducation particulière remplaçoit parfaitement l'éducation publique. Mais on l'avancera ſans preuves, & en donnant un démenti formel aux ſeuls témoins, qui puiſſent dépoſer de ce fait, les Anciens. J'oſe dire plus, on avancera ce qui n'a pu être. Je demande qu'on me faſſe voir dans les Ecrivains de l'antiquité quelques veſtiges de cette éducation particulière. Pour moi il me ſera aiſé d'en citer un grand nombre, qui s'étendent avec complaiſance ſur l'excellence de l'éducation publique, & qui gardent le plus profond ſilence ſur l'autre. Plutarque lui-même tout grand admirateur qu'il eſt de Lycurgue, ne peut diſſimuler ſon chagrin, de ce qu'il avoit privé les Rois d'un ſecours qui leur étoit ſi néceſſaire. Et la ſupériorité qu'il attribue au Roi Agéſilas, ſur tous les autres

Xénophon, ce monument immortel élevé à la vertu par la main de l'amitié.

Sparte n'eut que trop lieu de s'appercevoir que le secours de l'éducation avoit manqué aux successeurs d'Agésilas. Lors qu'Agis IV. représente à sa mere & à son ayeule que, quoiqu'elles eûssent plus d'or & d'argent que tous les Spartiates ensemble, elles ne pouvoient à cet égard se comparer aux esclaves des Satrapes & des Tuteurs de Ptolomée & de Séleucus, mais que par la simplicité & le noble dédain des richesses, ils étoient assurés d'effacer le luxe des Rois, & de se couvrir d'une gloire immortelle; le Peuple, dit Plutarque, fut ravi de ce qu'après trois cens ans (*a*) il se trouvoit enfin un Roi digne de Sparte.

Plutar. in Agid. & Cléom.

Rois de Sparte, vient selon lui de ce que n'étant pas destiné au trône par sa naissance, il avoit reçu avec les autres enfans l'éducation commune. Enfin une éducation particulière équivalente, ou même préférable à l'éducation commune, n'a pu exister à Sparte. Car l'éducation commune de Sparte tiroit son principal mérite de la réunion de tous les enfans de la République, entre lesquels on nourrissoit, on enflammoit sans cesse l'émulation pour toutes les actions glorieuses & sublimes, des prix de vertu, qu'on leur faisoit disputer, des exemples qu'on leur mettoit sans cesse sous les yeux, des discours qu'ils entendoient tenir aux citoyens les plus respectables, de l'égalité parfaite à laquelle on les accoutumoit, de l'attention continuelle à leur apprendre tantôt à obéir, tantôt à commander, &c: autant d'avantages de l'éducation commune, qu'il étoit impossible de transporter dans l'éducation particulière, & nécessaires sur-tout aux Rois de Sparte, Chefs d'une République à proprement parler, pour lesquels la science d'obéir n'étoit pas d'un moindre usage, que celle de commander.

(*a*) Il y a ici une erreur de calcul. Depuis Agésilas le plus grand des Rois de Sparte jusques à Agis, il ne s'est pas écoulé deux cens ans. Mais on sait que Plutarque ne tire pas son mérite de l'exactitude de la Chronologie.

L'indigne collégue d'Agis, le Roi Léonidas, le plus corrompu des Spartiates, en faisant échouer le projet généreux de la réforme, rendit incurables les vices de ses Sujets. Et les Rois Aréus & Acrotatus, en abolissant l'austérité des repas publics, portèrent le dernier coup à la vigueur & à la frugalité de Sparte, comme l'observent Cragius & Meursius, d'après Demetrius Scepsius & Phylarque, cités par Athénée.

Athén. Deiphon. l. 4. p. 141. l. 15. p. 678. Edit. Casaub. Lugd. Crag. de Rep. Lac. p. 36. Meurs. de regn. Lac. l. 1. c. 10.

QUATRIEME CAUSE.

Je trouve une quatrième Cause de l'altération des Loix de Lycurgue, en ce que le partage égal des terres, tel qu'il l'avoit conçu, ne pouvoit subsister long-tems. Le nombre des portions de terre étoit fixé, & ne devoit jamais changer. Il auroit donc fallu que le nombre des Citoyens demeurât toujours le même. Sans quoi, ou les terres manquoient aux Citoyens, ou elles se trouvoient réunies en grand nombre dans les mains de quelques particuliers. Ce qui détruisoit l'égalité de fortune, qui n'étoit pas moins entrée dans les vues de Lycurgue, que l'égalité de liberté.

Tit. Liv. Crag. de Rep. Lac. l. 1. p. 4.

Cic. l. 2. de Offic. n. 78. &c.

Cicéron s'élève avec beaucoup de force contre les Loix Agraires, qui ont causé tant de troubles dans sa République. Il en fait sentir l'injustice & le danger en Jurisconsulte exact, & en homme d'Etat. Mais lorsqu'il veut envelopper dans la même condamnation les Loix de Lycurgue sur cet objet, & qu'il prétend que c'est parce qu'on entreprit de les faire revivre, que la discorde a déchiré Lacédémone, que la tyrannie l'a désolée, que ce gouvernement si sage a été renversé, que Lacédémone enfin a entraîné la Grèce entière dans sa chute; je le dirai avec le respect dû à ce grand Homme, on ne retrouve point là l'idée juste de cette égalité de Lacédémone, si vantée, & si digne

de

de l'être. On ne reconnoît que le langage de l'Orateur contre la Loi Agraire.

Je ſuis donc bien éloigné d'attaquer la Loi de Lycurgue, Loi très-ſalutaire dans le tems où elle fut portée. Car toutes les terres étoient envahies par un petit nombre de Citoyens, qui jouiſſoient d'uue exceſſive opulence, tandis qu'une miſère affreuſe étoit le partage du reſte.

Mais je dis que le défaut d'héritiers dans certaines familles, la multitude dans les autres devoient empêcher qu'elle ne fût obſervée exactement dans la ſuite, & qu'on ne voit pas même que Lycurgue ait pris de juſtes meſures, pour parer à ces inconvéniens. Auſſi ne tarda-t-elle pas à ſouffrir bien des atteintes. La reſſource des Colonies, que Sparte envoyoit aſſez rarement, n'étoit pas à beaucoup près ſuffiſante dans le cas de la multiplication des Citoyens. Si Lycurgue, comme le prétend Ariſtote, avoit permis aux chefs de famille de diſpoſer de leurs héritages, en faveur de qui ils voudroient, c'eut été une cauſe d'altération bien ſenſible, & toute entière ſur le compte du Légiſlateur. Nous tâcherons de le diſculper à cet égard dans un autre endroit. Le Poëte Tyrtée, cité par le même Auteur, nous apprend que dans la guerre de Meſſénie, où il joua le plus grand rôle, qu'ait jamais joué un Poëte; pluſieurs Lacédémoniens accablés de miſère demandoient qu'on fît un nouveau partage des terres, ce qui excita des ſéditions dans la Ville. C'eſt une preuve ſans réplique de l'altération de la Loi, environ deux cens ans après qu'elle fut portée. La ſeconde guerre de Meſſénie, dont il eſt ici queſtion, dura 14 ans, & finit l'an 670 avant J. C.

Ub. Em. deſcrip. Repi. Lac. p. 80. &c.

Ariſt. de Rep. l. 5. c. 7. l. 2. c. 9.

Il paroît cependant qu'à l'exception de quelques cas particuliers, elle fut aſſez religieuſement observée. Tel est le sentiment unanime des Anciens, qui assurent que les Loix principales de Lycurgue furent en vigueur l'espace de plusieurs siècles. Et même si nous en croyons Plutarque, celle dont il s'agit ici, subsista sans atteinte après que Lysander eut introduit l'or & l'argent dans Sparte. Nous verrons ailleurs qu'on ne peut prendre à la lettre ce témoignage. Les refléxions morales de Plutarque, qui ne respirent que l'honneur & la vertu, doivent être adoptées sans restriction, mais la critique se permet souvent de discuter les faits qu'il rapporte. Le renversement entier de l'égalité des fortunes, & du partage des terres, peu de tems après cette époque, fait assez voir qu'il faut remonter plus haut, pour trouver l'origine de l'altération de ce bel établissement. (*a*) Mais je ne dois pas prévenir ici ce qui me reste à dire sur cet objet, à l'occasion de la Loi, qui causa une innovation si fatale à Sparte. Arrêtons quelques momens nos regards sur la première Magistrature des Lacédémoniens, qui par l'abus & l'extension excessive de son autorité, devint une des causes du violement des Loix.

CINQUIEME CAUSE.

Herodot. l. 1. p. 28. &c. Arist. l. 5. de Rép. c. 11.

Les Anciens sont partagés sur le tems, & sur l'auteur de l'institution des Ephores. Les uns, comme Hérodote, Platon & Xénophon, la rapportent à Lycurgue. La plupart, avec Aristote, Plu-

---

Aristoph. in Concion.

(*a*) Si l'on veut compter pour quelque chose le témoignage du plus caustique des Poëtes d'Athènes, on remarquera le trait que lance Aristophane contre les Lacédémoniens dans sa Comédie, intitulée *Concionatrices*. « Celui-» ci, dit-il, possède des terres immenses, tandis que celui-» là n'a pas même où se faire enterrer. » Cette Piéce étant de beaucoup antérieure à l'introduction de l'argent par Lysander, on voit combien la censure du Poëte est opposée à l'assertion de l'Historien.

tarque & Platon lui-même en d'autres endroits, l'attribuent au Roi Théopompe, cent trente ans après Lycurgue. Quelques-uns tâchent de concilier ces deux sentimens, en disant que Lycurgue établit à la vérité les Ephores, mais uniquement pour rendre la justice en l'absence des Rois ; & que Théopompe leur donnant une autorité qu'ils n'avoient point dans leur origine, les rendit les maîtres des Rois. (*a*)

Xenoph. de Rep. Lac. p. 683. Plutar. in Agid. & Cleo. Mém. de l'Acad. des B. Lett. t. 4. p. 272.

Quoi qu'il en soit, il faut convenir que si cette Magistrature n'est pas de la création même de Lycurgue, elle est du moins conforme à ses vues. Il paroît même qu'elle devoit nécessairement entrer dans la constitution de sa République, pour garantir la liberté & les droits du Peuple contre la puissance du Sénat, à laquelle il falloit donner un frein. Tel est le sentiment des Anciens. Je me contenterai de citer Platon & Plutarque.

Voici ce qu'en dit le premier, dans *le traité des Loix*. « C'est un Dieu qui prenant soin de Sparte, » lui a donné deux Rois d'une même famille, » afin que le gouvernement fût plus modéré. C'est

Plat. l. 3. de Leg. p. 491. Edit. Mar. Fic.

(*a*) Ce dernier sentiment que Théopompe ne fit qu'augmenter la puissance des Ephores, établis long-tems avant lui par Lycurgue, est, si je ne me trompe, le plus vraisemblable, & presque le seul soutenable Pour le nier, il faut commencer par rejetter les témoignages formels des Anciens les plus voisins de ces tems reculés, & les plus instruits du gouvernement de Sparte. D'ailleurs comment croire que Lycurgue, si je puis ainsi parler, ait oublié une pièce, qui entroit comme nécessairement dans le plan de son grand édifice, d'autant plus qu'il la trouvoit dans la législation de Minos, qu'il a visiblement copiée en tant d'endroits. Les Ephores de Sparte en effet paroissent calqués sur les Cosmes de Crète.

» un Esprit divin dans une nature humaine, qui » a formé le Sénat. Un troisième Sauveur a été » suscité, pour instituer les Ephores, & mettre » ainsi des bornes à la puissance & des Rois & des » Sénateurs.

Plat. Epist. 8. p. 724.

Et dans l'*Epître huitième* : » Lycurgue voulant » empêcher que la Royauté ne dégénerât en tyran- » nie, pour l'avantage à la fois de sa patrie & de » sa famille, institua le Sénat & les Ephores. C'est » par-là que Sparte se maintient glorieusement » depuis tant de siècles. La Loi y est la souveraine » des hommes, & les hommes n'y sont point les » tyrans de la Loi.

Plutar. in Lyc.

» Environ cent trente ans après Lycurgue, dit » Plutarque, les Ephores furent établis par le Roi » Théopompe, pour servir de frein au pouvoir » des trente qui composoient le Sénat. (*a*) L'éta- » blissement des Ephores, loin d'affoiblir les » Loix de Lycurgue, leur donna une énergie » nouvelle, puisqu'elle fortifia le parti des Rois » & des Sénateurs. » S'il falloit en croire M. Dacier, elle eut un effet tout contraire. Mais le meilleur interprète de Plutarque est sans doute Plutarque lui-même. Or cet Ecrivain remarque que Théopompe rendit son pouvoir plus durable, en le mettant à couvert de l'envie, & du danger qui la suit. Ce qui revient au mot si connu de Théopompe à ce sujet.

Arist. l. 2. de Rep. c. 9.

Mais si cette Magistrature dans son institution fut salutaire à Sparte, l'abus qu'on en fit lui de- vint funeste. Aristote le dépeint avec des cou- leurs bien vives. *Les Ephores souvent tirés de la lie de la populace, & du sein de la misère, ne dé-*

(*a*) On compte ici les deux Rois, qui avec vingt-huit Gérontes formoient le Sénat.

mentoient point leur origine. Leur avidité alloit de pair avec leur indigence. On sent combien il étoit dangereux de permettre à des hommes sans connoissance & sans fortune, de juger arbitrairement comme ils firent, ce qui choquoit de front tous les principes de liberté & d'égalité, qui étoient comme l'ame de la République. Dans le règne de la modestie, de la simplicité, & de la frugalité, ils s'arrogeoient le droit de donner des exemples de luxe & de volupté. Ces désordres furent plus fréquens & plus contagieux que jamais, lorsque la République se permit d'avoir un trésor, & qu'elle l'eut confié à ces Magistrats. Ub. Em. Descr. Reip. Lac. p. 125. &c.

On ne peut les comparer mieux qu'aux Tribuns du peuple Romain. Leur autorité, comme celle des Tribuns, foible & pour ainsi dire, précaire à sa naissance, s'accrut insensiblement. Institués pour être les tuteurs & les conservateurs du Peuple, ils devinrent la terreur des grands & les tyrans de la République. Ils ne se crurent pas seulement au-dessus des Rois & des Sénateurs. Ils s'élevèrent au-dessus des Loix. Leur pouvoir finit par engloutir tous les pouvoirs. Et après avoir été une des causes de la décadence de Sparte, ils empêchèrent encore son rétablissement. Intéressés plus qu'aucun citoyen à ce que les sévères Loix de Lycurgue ne fussent jamais ranimées, par un attentat peut-être sans exemple alors, ils firent mettre à mort le Roi, qui vouloit en être le restaurateur, Agis le dernier des Lacédémoniens. Plutar. in Agid. & Cléom.

La corruption des Ephores, ainsi que l'accroissement de leur pouvoir, n'arriva que lentement & par degrés. Sous Agésilas, on les voit déja très puissans. Du tems de Platon & d'Aristote, il paroît qu'ils bravoient également le Sénat & les Loix. Ils causèrent une révolution fatale dans la consti- Plutar. in Agés. Corn. Nép. in Agés.

tution du gouvernement. C'est pourquoi Platon, en plusieurs endroits de ses Dialogues, semble fort embarrassé à le définir, & quelquefois ne pas s'accorder avec lui-même. En effet le gouvernement, d'Aristocratique qu'il étoit dans son renouvellement par Lycurgue, dégénera insensiblement en Oligarchique, pour aboutir enfin à la tyrannie. Et Platon dans *ses Livres des Loix*, dit ouvertement que le gouvernement de Sparte tient de la tyrannie, à cause du pouvoir des Ephores, qui est entiérement tyrannique. Leurs violences & leurs désordres leur ayant attiré la haine publique, ils furent sacrifiés à l'ambition du dernier des Héros de Sparte, & du premier de ses Tyrans. Après la catastrophe tragique de Cléomène, redevenus plus puissans & plus corrompus que jamais, on les voit ces ames vénales mettre à l'encan la Royauté même. Et tantôt victimes, tantôt oppresseurs de leurs concitoyens, les Ephores se précipitent avec l'Etat, & tombent dans les fers des tyrans Machanidas & Nabis.

Crag. de Rep. Lac. p. 14.

Plat. l. 4. de Leg. p. 599.

Plutar. in Agid. & Cleom.

SIXIEME CAUSE.

La Xénélasie, ou l'interdiction trop absolue, & trop rigoureuse de tout commerce avec les Etrangers, me paroît avoir influé aussi dans les malheurs de Sparte, & par contre-coup dans la décadence de ses Loix. Je n'attaque ici que les excès de cette Loi. Toute extraordinaire qu'elle paroît, surtout à des François, elle étoit nécessaire à un Peuple singulier, qui ne pouvoit se maintenir dans cet attachement exclusif à des usages, à des mœurs différentes des usages & des mœurs de tous les Peuples, qu'en s'interdisant le spectacle, & autant qu'il étoit possible, la connoissance des coutumes & des institutions étrangères. Un Savant Académicien a remarqué qu'on ne se relâcha guère impunément de la sévérité de cette Loi.

Plutar. in Lyc.

Thucyd. l. 2.

M. de la Nauze. Mém. de l'Acad. des B. Let. t. 12.

L'Histoire en effet nous montre les vertus, qui distinguoient les Spartiates entre tous les Peuples de la terre, désintéressement, amour de la pauvreté, tempérance, frugalité, attaquées pour ainsi dire, par la plûpart des Etrangers admis à Sparte, & quelques-fois succombant. L'intempérance des Scythes devint funeste au Roi Cléomène. Alcibiade, qui ne put amollir Lacédémone, la perdit, en flattant son ambition. Et c'est précisément dans le tems que la Xénélasie eut dû être observée avec le plus de rigueur, que Lacédémone s'en dispensoit, dans ses jeux publics, où elle donnoit aux Etrangers des spectacles indécens & licencieux, qui lui attiroient les éloges satiriques, qu'on peut voir dans Athénée.

Herod. l. 6. Isocr. Orat. ad Philip. p. 162.

Les contraventions à cette Loi appellèrent, si je puis ainsi parler, la corruption des mœurs; la décadence entière des mœurs causa l'abolition de la Loi. Mais toute nécessaire qu'elle paroît à plusieurs égards, elle avoit un terrible inconvénient pour une République toujours en guerre, & par conséquent exposée par le sort des armes à faire de grandes pertes. Elle la mettoit hors d'état de les réparer.

Athen. l. 13. Deiph. c. 2.

Une des plus sages institutions de Romulus, & qui a mérité les éloges des plus grands Politiques, c'est l'usage de communiquer aux Peuples Etrangers le droit de bourgeoisie, de faire des voisins, des ennemis de Rome, autant de Romains. Rome, dès son berceau, jettoit les fondemens de la Monarchie universelle. Les Romains en se tenant constamment attachés à cette maxime, triomphèrent d'ennemis beaucoup plus puissans qu'eux. Les plus cruels échecs ne pouvoient les abattre. A peine sortis des guerres les plus sanglantes & les plus désastreuses, on les voyoit en recommencer de nouvelles, plus nombreux &

Freinsh. supplement. T. Liv. l. 16. c. 40 & 41. Dionys. Halic. l. 2.

Horat. l. 4. Od. 3.

plus redoutables qu'auparavant. Ils réalisèrent la Fable de l'Hydre de Lerne. Chaque nouvelle playe enfantoit de nouvelles têtes. Ils essuyèrent les revers les plus accablans, & avec cette ressource qui ne leur manqua jamais, ils demeurèrent toujours invincibles.

Thucyd. l. 4.

Lacédémone se l'étoit absolument interdite. Aussi éprouva-t-elle que sa valeur & sa discipline, qui ne le cédoient pas même à la valeur, & à la discipline de ces maîtres du monde, ne pûrent la garantir de sa ruine totale. Réduite à ses seuls citoyens, toutes les pertes qu'elle faisoit étoient des pertes irréparables. Elle sentoit bien sa foiblesse sur ce point, & malgré toute sa fierté, elle s'abaissa jusques à demander en suppliante la paix à son Emule, pour recouvrer quatre cens de ses soldats, assiégés dans l'Isle de Sphactérie. Heureusement pour elle, Athènes dans l'ivresse de la prospérité, lui refusa ce qu'elle sollicitoit avec instance. Si Sparte se soutint glorieusement jusqu'à la journée de Leuctres, c'est que son éducation, son expérience consommée dans l'art Militaire l'avoient rendue supérieure & aux Barbares & aux Grecs. C'est que le nom seul de Spartiates, qui eut suffi pour gagner des batailles en imposoit tellement à leurs ennemis, qu'ils n'avoient jamais osé approcher des bords de l'Eurotas, ni les attaquer en nombre égal. Mais cette bataille, qui leur enleva pour toujours l'empire de la Grèce, & qui mit en péril leur liberté, ne coûta cependant que mille Lacédémoniens & quatre cens Spartiates. Je m'attache ici à Xénophon, contemporain & presque témoin oculaire, préférablement à d'autres Historiens, qui enflent un peu cette perte. Long-temps après, Lacédémone ayant perdu à Sellasie moins de six mille hommes, sa puissance,

Plutar. in Pelopid. in Ages. Diod. l. 15. p. 355.

Xenophon Hist. græc. l. 6. p. 4?7. Diod. l. 15. p. 371. Dion. Halic. l. 2.

Plutar. in Agid. & Cleom.

sa gloire, sa liberté, ses Loix, tout demeura enseveli pour jamais dans le même tombeau, avec ces braves guerriers.

Cette Loi d'exclusion universelle pour tout Etranger, devoit donc tôt on tard devenir fatale à un Etat, composé d'un petit nombre d'habitans, qui toujours sous les armes, avoient besoin d'avoir toujours des moyens nouveaux de se conserver & de se renouveller.

Au lieu d'écraser sous un joug de fer les vaincus, tels que les vaillans & infortunés Messéniens, Lacédémone n'auroit-elle pas dû leur faire aimer ses Loix, & se ménager chez eux une pépiniere de Citoyens? (a) Elle ne savoit pas même se servir de la ressource, que lui présentoit la multitude de ses esclaves. Elle leur faisoit porter les armes, quelquefois les affranchissoit. Mais on ne voit pas qu'elle leur ait communiqué les priviléges de Citoyens. Et souvent même après la victoire, une fausse & détestable politique les immoloit, comme autant de victimes nécessaires pour le salut de l'Etat. C'est ainsi que joignant la perfidie à la cruauté, Sparte se défit de deux mille des plus braves Ilotes, après les avoir montrés dans tous les temples avec des chapeaux couronnés de fleurs, comme pour remercier les Dieux de leur liberté.

Diod. Sic. l. 12. p. 117. Thucyd. l. 4. Plutar. in Lyc.

C'étoit même une maxime d'Etat d'égorger impitoyablement tous les esclaves, qui par les forces du corps, & par la noblesse des sentimens, paroissoient s'élever au-dessus de leur condition. Mais comment un Législateur si équitable & si éclairé,

Athén. l. 4. Deiphn. p. 657.

(a) Ce qui suit jusqu'à la septième Cause m'a paru venir assez naturellement à la suite de la Xénélasie, pour n'avoir pas besoin d'en faire un article séparé.

un peuple si jaloux de la gloire militaire n'ont-ils pas mieux aimé augmenter le nombre des guerriers & des héros de Lacédémone, que de souiller sa réputation par de telles barbaries, & de lui susciter dans son sein les plus dangereux, & les plus irréconciliables de ses ennemis? Aristote nous apprend que les Ephores n'étoient pas plutôt en charge, qu'ils déclaroient la guerre aux Ilotes, pour qu'on pût les tuer sans crime & sans scrupule. Il est certain qu'on épuisoit sur ces misérables toutes les rigueurs de la servitude, qu'on les faisoit boire jusqu'à perdre la raison, & qu'alors on les donnoit en spectacle à la jeunesse de Sparte, dans la vue de lui inspirer l'horreur de ce vice grossier & révoltant; qu'on les obligeoit à chanter des chansons obscènes, à danser des danses indécentes & ridicules, en même-tems qu'on leur défendoit de jamais rien chanter ou danser, qui convînt à des hommes libres.

Plutar. in Lyc.

Je crois, dit Plutarque, que les Lacédémoniens ne se portèrent à ces traitemens indignes, qu'après la mort de Lycurgue, trop humain & trop juste, pour les avoir ordonnés ou soufferts, & que même cela n'arriva qu'après que les Ilotes révoltés avec les Messéniens eurent mis Sparte dans le plus grand danger, lors du tremblement de terre qui désola cette Ville, l'an 469 avant J. C.

Cette dernière apologie de Lycurgue n'est rien moins que convaincante. Elien prétend au contraire que ce tremblement de terre fut un effet de la vengeance des Dieux, qui punirent ainsi les cruautés exercées sur les Ilotes. Et Diodore de Sicile rapporte que les Ilotes & les Messéniens, irrités depuis long-tems contre les plus durs des maîtres, saisirent avidement cette occasion de briser leur joug. Aristote & Platon ont écrit aussi que Lycur-

Aelia. Hist. vari. l. 6. n. 7.

Diod. Sic. l. 11. p. 48.

Plutar. in Lyc.

gue avoit ordonné ce qu'on appelloit à Lacédémone *l'embuſcade*, c'eſt-à-dire, que les jeunes gens les plus hardis allâſſent ſe cacher dans les campagnes, pour égorger la nuit tous les Ilotes qu'ils rencontreroient.

Ces horreurs n'étoient pas moins contraires aux maximes de la ſaine politique, qu'aux droits les plus ſacrés de la nature. Ces vaincus, ces eſclaves réduits au déſeſpoir tinrent Sparte dans de perpétuelles allarmes. Et lorſque la victoire commença à ſe déclarer contre elle, ligués ouvertement ou en ſecret avec ſes ennemis, ils hâtèrent la chute de ſon Empire & de ſes Loix. Elle y eut trouvé des reſſources toujours prêtes, ſi elle ſe fut attachée à leur faire aimer ſa domination, ainſi que la pratique des vertus, qui ſont de toutes les conditions. Le ſpectacle de leur innocence & de leur frugalité n'eût-il donc pas laiſſé des impreſſions plus douces, & peut-être plus ſalutaires dans l'eſprit des jeunes Spartiates, que celui de l'état révoltant, où elle les expoſoit à leurs yeux? Et elle n'eut point outragé l'humanité. Rome ſçut plus d'une fois faire des Romains de ſes eſclaves. Pourquoi Sparte n'en eut-elle pas fait des Spartiates, elle qui ſavoit élever le ſexe au-deſſus de ſes foibleſſes, & lui inſpirer une vigueur & une fermeté d'ame, dont les hommes chez les autres Peuples ne ſe croyent point capables? Il eſt vrai cependant que pluſieurs Anciens ont prétendu trouver une Cauſe de la corruption de Lacédémone dans l'éducation qu'elle donnoit aux femmes, & dans les libertés qu'elle leur laiſſoit prendre. Et c'eſt la dernière qui nous reſte à diſcuter dans le nombre des Cauſes internes.

Nous trouvons ſur ce point les Anciens oppoſés les uns aux autres. Le courage, la magnanimité, SEPTIEME CAUSE.

l'austérité, la fidélité, toutes les vertus des Lacédémoniennes ne sont pas moins célèbres que celles des Lacédémoniens. La plupart des Ecrivains en font des éloges pompeux, en rapportent des traits honorables à leur sexe. Mais Platon & Aristote sont à la tête de ceux qui les peignent de couleurs bien différentes, & qui assignent pour une des Causes de la décadence de Lacédémone, le peu de soin que Lycurgue avoit pris des femmes. L'autorité de ces deux grands Hommes toujours respectable acquiert un tout autre poids, quand leur témoignage est uniforme. On se persuade aisément qu'il n'y a que la force de la vérité, qui soit capable de les réunir. Si quelque chose pouvoit les faire récuser ici, ce seroit la rivalité connue d'Athènes. Et en général tout homme exact & impartial examine & pèse scrupuleusement les passages des Ecrivains d'Athènes, quand ils sont défavorables à Lacédémone. Peut-être que la rivalité personnelle entreroit aussi pour quelque chose dans la censure de ces deux célèbres Philosophes. L'un & l'autre Législateurs, ils semblent avoir jugé un peu à la rigueur les Républiques, qu'ils passent en revue, pour relever d'autant plus celles dont ils avoient imaginé le plan.

Plat. l. 6. de Leg. p. 625.

Platon trouve fort à redire qu'il n'y ait pas à Lacédémone, ni en Crète des repas publics établis pour les femmes, comme pour les hommes. Rien de plus admirable, dit-il, que les repas des hommes. (*a*) Mais ceux de femmes abandonnés très-

---

(*a*) Ὑμῖν γὰρ, ὦ Κλεινία καὶ Μέγιλλε, τά μὲν περὶ τὰς ἄνδρας ξυσσίτια καλῶς, ἅμα καὶ (ὅπερ εἶπον) θαυμαστῶς καθέστηκεν, ἐκ θείας τινὸς ἀνάγκης· τὸ δὲ περὶ τας γυναῖκας ὀυδαμῶς ὀρθῶς ἀνομοθέτητον μεθεῖται, καὶ ὀυκ ἐις τὸ τῆς ξυσσιτίας αὐτῶν ἐπιτήδευμα.

mal-à-propos ſont reſtés dans les ténèbres. J'avoue qu'il eſt fort difficile de mettre la règle dans cette partie du genre humain, plus artificieuſe & plus cachée que l'autre. C'eſt pour cela que le Légiſlateur de Sparte a cédé à des obſtacles, qu'il n'a pas cru pouvoir vaincre. Mais cette indulgence de ſa part a cauſé de grands maux à l'Etat. Je concluds que pour l'avantage de la République, tous les emplois, tous les exercices doivent être communs aux deux ſexes. Il ne faut pas croire même que Lycurgue en laiſſant les femmes vivre dans la licence, ait négligé préciſément la moitié de ſon ouvrage. Car par la raiſon que ce ſexe eſt plus foible que le nôtre, lorſqu'il s'agit de vertu, il a pour ſe porter au vice, & pour nous y entraîner, une force bien ſupérieure à la nôtre.

Mais, continue toujours Platon, ne trouveroit-on pas ridicule qu'un Légiſlateur ſe fût mis en tête d'obliger les femmes de ſe rendre à ces repas publics, d'y manger, d'y boire mêlées avec les hommes ? J'avoue qu'un pareil réglement, s'il vouloit le faire paſſer, les révolteroit toutes, & qu'il auroit à eſſuyer de leur part les plus vives contradictions. Mais je n'en ſuis pas moins perſuadé de ſon utilité & de ſon importance.

A la manière, dont la plupart des Anciens parlent des repas publics de Sparte, on croiroit que les Citoyens hommes & femmes indiſtinctement étoient tenus de s'y rendre, & j'ai vu pluſieurs Savans de ce ſentiment. Il eſt cependant vrai que je n'ai pu trouver aucun paſſage, où les femmes ſoient nommées, quoique ſouvent ils deſcendent dans les plus petits détails. Par conſéquent un témoignage comme celui de Platon, doit nous décider ſans difficulté, lorſqu'il aſſure dans pluſieurs endroits que les femmes étoient excluſes de ces repas, & qu'il n'étoit jamais venu à l'eſprit d'aucun Légiſlateur de les y admettre. (*a*) J'attends d'un bon Légiſlateur, dit encore le même Philoſophe, qu'il mette tout dans l'ordre, & qu'il ne faſſe point les choſes à demi, qu'il ne s'occupe point tellement des hommes, qu'il perde de vue les femmes, & leur permette de ſe plonger dans la molleſſe & les plaiſirs. On voit par la ſuite du Dialogue que c'eſt à Lacédémone & à ſon Légiſlateur que Platon en veut.

Plat. l. 7. de Leg. p. 634.

Le Diſciple eſt encore plus ſévère que le Maître. Ariſtote s'éleve avec force contre l'intempérance, le luxe, l'avarice & la molleſſe des Lacédémoniennes. La moitié de la République, dit-il ſans détour, eſt vicieuſe, & cette moitié par une triſte contagion a communiqué le vice à l'autre, ſurtout l'eſtime & l'amour de l'or, qui a tout perdu. Les Lacédémoniens ont laiſſé uſurper à leurs femmes une autorité, qui eſt devenue funeſte. Maîtreſſes par le moyen des teſtamens & des dots, d'une partie conſidérable des richeſſes de l'Etat, elles ont donné un libre cours à leurs paſſions.

Ariſt. l. 2. de Rep. c. 9.

Plutarque s'attache à réfuter Ariſtote, & il le fait avec ſuccès, quant à l'éducation des filles de Sparte, dont il prouve aiſément que Lycurgue n'a pas pris moins de ſoins que des garçons, puiſque les mêmes exercices étoient communs aux unes & aux autres.

Plutar. in Lyc.

Il eſt vrai que ce dernier article même, ainſi

(*a*) Strabon dit auſſi que les Loix de Lacédémone étoient tout-à-fait ſemblables à celles de Crète, & qu'il y avoit à Lacédémone des repas publics nommés *Syſſitia*, & autrefois *Andreia*, c'eſt-à-dire *repas des Hommes*, que les Lacédémoniens avoient changé ce dernier nom, mais que les Crétois l'avoient conſervé.

Strab. l. 10. p. 480. &c.

que la licence effrénée qui régnoit dans les mariages, peuvent fonder un chef d'accusation bien plus grave, & avoir été une des causes principales de la dépravation.

Plutarque a beau nous dire dans son enthousiasme pour un Peuple si digne d'en inspirer, qu'il n'y avoit rien là de honteux, que Sparte étoit le trône de la pudeur, que l'intempérance n'y étoit point connue; & d'autres ajoute sur le même ton, qu'à Sparte l'honnêteté publique couvroit la nudité, que la vertu des femmes leur tient lieu de vêtement. (a) Personne n'est la dupe de ces expressions aussi pompeuses que vuides de sens. On sent combien il est téméraire de vouloir attaquer de front la nature, & de renverser les barrières de modestie & de retenue, qu'a élevées le concert unanime de toutes les Nations policées, comme nécessaires à la défense d'une vertu, toujours menacée, & toujours fragile. Le caractère du sexe par-tout si ardent dans ses passions, joint à une liberté excessive peut avoir produit dans plusieurs femmes les désordres, qui ont attiré la censure d'Aristote & de Platon, tandis que le plus grand nombre animé de l'esprit national, retenu par le frein des autres Loix, a mérité les éloges, dont l'Antiquité les a comblées.

Laguillet. Lac. anc. & nouv. Plat. l. 5. de Rép. p. 457.

Parmi une foule de traits, distinguons-en quelques-uns, où l'amour de la patrie, l'austérité des mœurs, le courage, la magnanimité, l'héroïsme, la chasteté même brillent avec le plus d'éclat. C'est Plutarque qui me les fournit presque tous.

Des habitans d'Amphipolis félicitoient Argi-

Plutar. in Lacæn. Apoph. Diod. Sic. l. 12. p. 122.

(a) ἀρετὴν αντι ἱμάτιων ἀμφιέσονται.

léonide mère de Brasidas, d'avoir donné à Lacédémone le plus brave guerrier qu'elle eut jamais eu. Argiléonide moins touchée de ce que cet éloge avoit de flatteur pour le fils & pour la mère, que fâchée des bornes qu'il sembloit donner à celui de sa Patrie : *Etrangers*, répond-elle vivement, *vous vous trompez. Lacédémone a plusieurs Citoyens, qui sont encore plus vaillans que mon fils.* Les Ephores décernèrent des honneurs publics à cette mère, qui s'élevant au-dessus de son sexe, & de la nature même, avoit préféré la gloire de Sparte à la gloire de son fils.

Plutar. in Lacæn. Apoph.

Gorgo fille du Roi Cléomène I. repoussa un Etranger, qui affectoit une démarche molle & efféminée : *Retire-toi d'ici, homme lâche, qui ne vaux pas une femme.*

Une mère apprenoit-elle que son fils avoit été tué pour la Patrie ? *Ne falloit-il pas*, disoit-elle, *puisqu'il alloit à l'ennemi, qu'il trouvât la mort, ou qu'il la donnât ?* Une autre plus laconiquement : *je ne l'avois mis au monde que pour cela.* Une troisième qui avoit envoyé à l'armée tous ses enfans, attendoit avec impatience dans les fauxbourgs, qu'elle seroit l'issue de la bataille. Elle en demande des nouvelles au premier, qu'elle voit revenir du camp. *Vos cinq fils*, lui répond-il, *ont été tués. Méchant esclave, je ne t'ai pas demandé quel étoit le sort de mes fils, mais celui de la Patrie. Elle a remporté la victoire. Je suis donc consolée de la perte de mes enfans.*

Les mères avoient coutume, en donnant le bouclier à leurs fils, de leur recommander de revenir avec leur bouclier, ou sur leur bouclier. Une Lacédémonienne exposée en vente, à qui on demandoit ce qu'elle savoit : *être fidèle.* Une autre fort pauvre, interrogée

interrogée sur la dot qu'elle apportoit : *J'apporte pour dot la chasteté de mon pays.*

Pausanias si fameux par la victoire de Platée, ayant trahi sa Patrie, & cherchant à se dérober au supplice que méritoit son crime, courut se réfugier dans le Temple de Minerve. Les Lacédémoniens étoient arrêtés par la crainte de violer la sainteté de l'Asyle. La mère de Pausanias par un trait de fermeté & d'éloquence vraiment Lacédémonienne, prend une pierre, va la poser sur le seuil de la porte du Temple, & se retire chez elle, sans dire un seul mot. Ses Concitoyens pleins d'admiration, imitent à l'envi l'exemple de cette mère magnanime. En un moment la porte est murée, & le coupable réduit à mourir de faim.

Diod. Sic. l. 11. p. 35. Corn. Nep. in Pausan.

Quant aux richesses excessives, qu'Aristote prétend que les femmes acquirent par les testamens & par les dots, on peut justifier solidement Lycurgue. La liberté de disposer de ses biens par testament est une innovation, qui ne fut connue qu'après Lysander, comme nous le prouverons bien-tôt. Lycurgue avoit également défendu aux femmes d'apporter d'autres dots que leur vertu ; de peur, ajoutent Plutarque & Justin, que plusieurs ne restâssent sans maris à cause de leur pauvreté, ou ne fûssent choisies pour leurs richesses ; & afin que les maris conservâssent toute leur autorité & toute leur vigueur, n'étant pas retenus par la considération de l'opulence, dont ils seroient redevables à leurs femmes. Elien & Athénée parlent aussi de cette Loi de Lycurgue. On voit par-là que ce Législateur bien éloigné de la lâche complaisance qu'on lui suppposoit, avoit à cœur de mettre un frein aux passions des femmes, & que ces grandes dots justement repro-

Plutar. in Apophth. Justin. l. 3. p. 49.

Ælian. l. 6. Athen. l. 13. Deipn. p. 555.

chées aux Lacédémoniens, & sans fondement à Lycurgue, n'étoient qu'une suite de l'altération de ses Loix. Cet abus avoit déja commencé du tems de Lysander, puisqu'aussi-tôt après sa mort, deux des principaux Citoyens, qui avoient fiancé ses filles, refusèrent de les épouser, sachant que le père ne leur avoit rien laissé.

Plutar. in Lyc. Heracli. de Polit. p. 684. Edit. Paris. in 16. Xénoph. de Rep. Lac. p. 684. Mém. de l'Ac. des B. L. t. 6. p. 737. Kecker. de Rep. Spar. l. 2. c. 9. Ub. Em. desc. Reip. Lac. p. 93.

Mais comment a-t-on pu dire que Lycurgue n'avoit rien osé prescrire aux femmes, s'il est certain qu'il leur avoit interdit non-seulement de porter de l'or & de l'argent, mais toute autre parure, tout soin recherché de leurs personnes, & qu'il n'y avoit sur cet article de dispense que pour les femmes de mauvaise vie? Les premiers de l'Etat, hommes & femmes indifféremment, n'avoient rien qui les distinguât à l'extérieur des derniers du peuple. L'habillement des personnes du sexe étoit aussi simple qu'il étoit peu modeste.

Tâchons de saisir la vérité, & de concilier en quelque sorte les Philosophes, qui blâment sévèrement la vie licencieuse des Lacédémoniennes, & les Poëtes qui s'en amusent, avec les Ecrivains de tous les ordres, qui se déclarent leurs Panégyristes.

Sans doute Lycurgue, bien loin de négliger l'éducation des filles, en prit des soins particuliers, & même il les outra, en s'efforçant d'arracher, pour ainsi dire, les bornes que la main de la nature a posées entre les deux sexes. Et Platon lui-même, quoiqu'on puisse tourner cet aveu contre ses principes, est obligé de convenir que la licence effrénée des Gymnases à Lacédémone & en Crète, a donné lieu aux désordres les plus pernicieux & les plus détestables.

Plat. l. 1. de Lg. p. 569.

Les femmes vivant dans la plus grande liberté, affranchies des règles de la tempérance Lacédémonienne, durent les premières ressentir les atteintes de la corruption. Et corrompues une fois, elles ne pouvoient que précipiter la décadence des Loix. Car de tout tems les Lacédémoniens absorbés dans les exercices & dans l'étude de la guerre, laissoient aux femmes la direction des affaires domestiques, & la plus grande influence dans les affaires d'Etat. Et Plutarque, tout admirateur qu'il est de Lacédémone, nous apprend que les femmes ayant attiré à elles la plus grande partie des richesses, furent l'obstacle le plus insurmontable, que trouva Agis ce nouveau Lycurgue, lorsqu'il entreprit de rendre aux Loix leur ancienne vigueur, & à la République son premier éclat. Elles ne purent voir sans les plus vives allarmes qu'elles alloient perdre en un moment avec leurs richesses, les plaisirs, les honneurs, toute la considération dont elles jouissoient. Ce furent elles avec les Ephores, qui firent échouer un projet, trop sublime & trop généreux, pour pouvoir être goûté par des ames foibles & légères, pour ne pas révolter des cœurs abâtardis & profondément corrompus.

Plutar. in Agid. & Cleom.

Si je ne me flatte point, mon sujet commence à s'éclaircir. J'espère achever d'y porter la lumière, en examinant les principales Causes externes, qui ont concouru avec les Causes internes à la décadence de Lacédémone & de ses Loix. Je profiterai de la liberté, que me donne cette seconde partie plus que la première, de suivre l'ordre des tems, pour mieux juger des progrès de la corruption, & rendre sensibles les différens degrés, par lesquels Lacédémone se précipita vers sa ruine.

ARTICLE III.

Causes externes de l'altération des Loix de Lycurgue.

PREMIERE CAUSE EXTERNE.

LA première Cause externe dont je suis frappé, c'est la grandeur même de Lacédémone, les victoires signalées qu'elle remporta sur les Athéniens & sur les Barbares. Ces longues & sanglantes guerres, qu'elle eut à soutenir, ou qu'elle porta elle-même dans des pays éloignés, & qui l'obligeoient d'entretenir de nombreuses flottes, étoient déja une contravention manifeste aux Loix de Lycurgue. Cette premiere contravention en entraîna de bien plus grandes. Nous allons les parcourir rapidement, jusqu'à l'introduction de l'argent après la prise d'Athénes : évenement mémorable, qui par son importance & par ses suites funestes, mérite d'être compté au nombre des Causes principales du renversement des Loix de Lycurgue.

L'époque de l'élévation des Lacédémoniens fut l'époque de leur décadence. En perdant cette heureuse médiocrité, aussi digne d'être enviée par les Etats que par les Particuliers, ils perdirent cet attachement religieux aux Loix & aux usages de leurs pères, dont ils avoient fait gloire jusqu'alors. Ils apprirent, dit Isocrate, à ne connoître de Loix que celle de leur orgueil & de leur caprice. Ils ne redoutoient pas, continue l'ingénieux Orateur, ils ne connoissoient même pas les dangers de la puissance, dont les charmes plus

Isocr. Orat. de Pace. p. 31 . &c.

perfides que ceux des Sirenes (*a*) attirent dans l'abyme tous ceux qui s'en laissent éblouir. Démosthène dans un endroit qui n'est pas suspect, lorsqu'il s'attache à exaggérer les torts de Philippe, & à diminuer ceux des Grecs, nous représente cependant les Lacédémoniens, comme ayant plus d'une fois abusé de leur pouvoir, dans l'espace de 29 ans, qu'ils furent les arbitres de la Grèce. Demosth. 3. Philip.

On voit que cette Cause n'est qu'un effet de la première, que nous avons assignée parmi les Causes internes, c'est-à-dire de cet esprit d'ambition guerriere, qui avoit sa source dans l'éducation. Après avoir asservi ou écrasé leurs voisins, les Spartiates aspirérent à l'Empire de la Grèce. Lorsqu'ils eurent triomphé d'Athènes par le moyen de l'argent & des vaisseaux des Perses, ils tournerent leurs armes contre les Perses mêmes, & tentèrent la conquête de l'Asie, qui se vengea, comme elle fit dans la suite sur les Romains, en laissant emporter aux vainqueurs son or avec ses vices. Juven. Sat. [illegible] Justin. l. [illegible] in Fin.

Je ne parle point de la guerre de Samos, la première que les Lacédémoniens firent en Asie, vers l'année 527 avant J. C. Dans cette expédition qui ne dura que quarante jours, ils furent assez heureux, pour n'avoir pas de succès, qui pûssent mettre en danger leurs mœurs & leurs Loix. Herodot. l. 3.

Justin remarque que la Bataille de Platée donnée, l'an 479 avant J. C., fut le premier événement, qui introduisit parmi les Grecs le goût du luxe, Justin l. [illegible] P. [illegible]

(*a*) Τὴν φύσιν ὁμοίαν ἔχει ταῖς ἑταίραις &c. Je substitue un équivalent au terme ἑταίραις, plus noble dans l'ancienne Grèce, que parmi nous.

& la passion des richesses. Le camp des Perses, où l'on fit un butin immense, que les Grecs partagèrent, & dont Pausanias Général des Lacédémoniens s'attribua le dixième, fut plus fatal à la Grèce, qui ne l'avoient jamais été les armées les plus formidables.

Herodo. l. 9. p. 618. &c.

Avant cette époque, je ne vois dans toute l'Histoire qu'un trait vraiment caractèrisé de la transgression de la Loi concernant l'interdiction de l'argent. Je veux parler de ce qui se passa dans la troisième année de la seconde guerre de Messénie, 682 avant l'Ere Chrétienne, lorsque les Lacédémoniens séduisirent à force d'argent Aristocrate Roi d'Arcadie, qui conduisoit des troupes au secours des Messéniens. Rien ne prouve mieux jusqu'à quel point la passion de commander dévoroit les Lacédémoniens. C'est de tous les Peuples le plus ennemi des richesses, qui donne aux autres Peuples le lâche & honteux exemple d'attaquer son ennemi avec l'or, & de rendre la victoire vénale. Mais depuis la journée de Platée, les progrès du relâchement des mœurs commencent à devenir plus sensibles. Ce fameux Portique de Lacédémone, construit des dépouilles des Perses, dont il prit le nom, familiarise insensiblement ses yeux avec un éclat, qui les eût blessés auparavant. Le Général même, qui s'étoit couvert de gloire à Platée, Pausanias ne tarde pas à souiller ses lauriers. Gagné par les présens & par les promesses des Perses, enivré de ses succès, corrompu par l'air contagieux de la voluptueuse Asie, il soulève par son faste & par sa hauteur les esprits de tous les Grecs contre sa Patrie. Elle a assez de force pour le rappeller, & pour juger selon la rigueur des Loix cet illustre Criminel. Elle a assez de grandeur d'ame & de

Depuis 682. avant J. C.

Pausan. in Messen. Hist. de Gréce par Stanyan l. 1. c. 3.

Polyb. l. 4.

Depuis 479. avant J. C.

Pausan. in Lacon. Crag. de Rep. Lac. p. 223.

Corn. Nep. in Pausan. Valer. Maxi. l. 2. c. 6.

Depuis 477 avant J. C.

sagesse, pour ne pas lui donner de successeur dans le commandement général des Grecs. Elle trouve ainsi le moyen de ne pas compromettre sa dignité, & de ne plus exposer ses citoyens à un danger de corruption trop imminent. Elle renonce d'elle-même à l'empire de la mer, que son Législateur lui avoit interdit. Heureuse, si l'ambition ne lui eût fait bien-tôt oublier avec les défenses de Lycurgue, ses véritables intérêts ! Thucyd. l. 1. n. 48. Plutar. in Instit. Lac.

Elle avoit vu le rival de gloire de Pausanias, le Roi Léotychide, illustre par la victoire de Mycale, faire naufrage au même écueil. Pouvant se rendre maître de la Thessalie, il se laissa corrompre par des grosses sommes d'argent. Appellé en jugement, il s'exile lui-même, & sa maison est rasée. Herodo. l. 6. p. 407.

La cupidité paroît avoir fait des progrès rapides. Peu de tems auparavant, Sparte nous offroit d'illustres exemples de désintéressement. Sous le règne de Darius fils d'Hystaspe, le Tyran Méandrie chassé de Samos par les Perses se réfugie à Sparte. Vainement il étale ses trésors aux yeux du Roi Cléomène, fils d'Anaxandride, & le presse d'y puiser à sa volonté. Non-seulement Cléomène est inébranlable, mais apprenant que le Tyran a fait accepter des présens à quelques citoyens, il engage les Ephores à le faire sortir sur le champ de la Laconie, de peur dit-il, que le séjour de cet Etranger ne nous attire quelque malheur. Et ce n'est pas le seul trait, que l'Histoire nous ait conservé de la vertu de Cléomène. Hérodote rapporte encore, qu'Aristagoras Prince de Milet, étant venu à Sparte, dans le dessein de persuader à Cléomène d'affranchir les Ioniens du joug des Perses, lui offrit à différentes reprises pour le gagner, depuis onze talens jusqu'à cinquante. Herodo. l. 3. p. 249. Herodo. l. 5. p. 347. &c.

Gorgo fille du Roi, enfant de huit à neuf ans, étoit ſeule préſente à cet entretien. Le Tyran devoit-il rien craindre d'un pareil témoin? mais cette enfant étoit une Spartiate. *Mon père*, dit-elle avec vivacité, *ſi vous ne vous retirés, cet Etranger vous corrompra.* Auſſi-tôt Cléoméne ſe retira.

Depuis 435. avant J. C. Plat. in Alcib. l. 1. p. 33.

Cette ſage crainte des richeſſes dura trop peu. Platon nous aſſure qu'environ 40 ans après la guerre de Xerxès, toute la Grèce enſemble avoit moins d'or & d'argent que Lacédémone ſeule. *Car depuis long-tems*, (*a*) continue-t-il, *on y porte l'argent de toute la Grèce, & ſouvent même celui des Barbares. Et comme dit le Renard dans la Fable d'Eſope, je vois partout les traces de celui qui entre, je n'en vois point de celui qui ſort. Ainſi on peut conclure que les particuliers ſont plus opulens à Lacédemone, que dans le reſte de la Grèce, & que les Rois y ſont beaucoup plus riches que tous les particuliers. Car indépendamment des impoſitions conſidérables qu'ils lèvent ſur leurs Sujets, une très grande partie de l'argent des Etrangers paſſe encore dans leurs coffres.*

Platon en remarquant dans ce Dialogue, qu'Alcibiade étoit alors dans ſa 20e. année, fait connoître qu'il eſt cenſé s'être tenu environ 435 ans avant J. C. On ne croira pas aiſément que ce grand maître dans l'art du Dialogue en ait fixé la date avec tant de préciſion, pour y placer des faits arrivés long-tems après, & depuis la mort même des Interlocuteurs. Il faut donc conclure

(*a*) Χρυσίον δὲ καὶ ἀργύριον ὀυκ ἔστιν ἐν πᾶσιν ἕλλησιν ὅσον ἐν Λακεδαίμοσιν, ἰδίᾳ· πολλὰς γὰρ ἤδη γένεας ἐισέρχεται μὲν ἀυτόσε ἐξ ἁπάντων τῶν ἑλλήνων, πολλάκις δὲ καὶ βαρβάρων, ἐξέρχεται δὲ ὀυδαμόσε.

que la Loi, qui interdisoit l'or & l'argent à Sparte, avoit souffert de grandes atteintes, avant qu'elle eût été abolie par le crédit de Lysander.

D'un autre côté l'autorité de Thucydide, ou plutôt de Périclés paroît contraire au témoignage de Platon. Dans le discours que prononça Périclés environ trois ans après, immédiatement avant la guerre de Péloponnèse, nous voyons que les Péloponnésiens manquoient d'argent, pour soutenir la guerre & pour entretenir des flottes. Peut-être trouvera-t-on le vrai, en prenant le milieu entre ces deux grands Hommes, tous deux intéressés à faire de Lacédémone un portrait infidèle, & à se jetter dans les extrémités opposées. Périclés, dont le but étoit de porter les Athéniens à la guerre, devoit diminuer à leurs yeux la puissance & les ressources de Lacédémone. Socrate au contraire à dû les enfler, comme il exaggère manifestement celles des autres ennemis d'Athènes, pour guérir le jeune Alcibiade de sa présomption & de sa folle audace. La suite des faits nous convaincra que Platon ne sauroit être disculpé d'exagération, & qu'il paroît quelquefois avoir transporté au tems de la jeunesse d'Alcibiade, ce qu'il voyoit arriver sous ses yeux. Et ce n'est pas ce Philosophe, mais Xénophon, qu'il faut consulter, pour prendre une idée juste des droits & de l'opulence des Rois de Sparte. Au reste, Platon dans le même Dialogue soutient, que la fortune n'avoit point changé les Lacédémoniens. Il relève par des éloges magnifiques toutes leurs vertus, leur modestie, leur tempérance, leur modération, leur constance, leur humanité, leur grandeur d'ame, leur ardeur pour la victoire, & leur passion pour la gloire.

Depuis 432. avant J. C. Thucyd. l. 1. num. 46. &c.

Xenoph. de Rep. Lac. sub Fin.

Platon lui-même nous apprend ailleurs ce qu'il

faut rabattre d'un portrait un peu flatté, pour les raiſons que nous venons de dire. En effet, les beaux jours de Lacédémone ſont paſſés. La guerre du Péloponnèſe, que ſa jalouſie contre Athènes lui fit entreprendre, & qui parut l'élever au plus haut degré de puiſſance, hâta ſa corruption, & prépara ſa ruine.

Thucyd. l. 1. ſub. init.

Thucyd. l. 5.

Quelques années avant cette guerre, Pliſtonax Roi de Lacédémone fut banni, pour s'être laiſſé corrompre par l'argent que lui donna Periclés, & pour avoir ramené les troupes qu'il commandoit dans l'Attique. Cléandridas ou Cléarque, père de Gylippe, héritier de ſa valeur & de ſon infamie fut condamné à mort pour un crime ſemblable, ou plutôt pour le même. Car il paroît que Cléandridas aſſocié au Roi par les Ephores, ſelon la remarque de Stanyan, fut l'inſtrument dont on ſe ſervit pour le gagner. Pliſtonax ſe fit rappeller au bout de 19 ans, en gagnant à force d'argent l'Oracle de Delphes, qui ordonna aux Lacédémoniens de le recevoir comme en triomphe.

Hiſt. univ. ſac. & prof. t. 2. l. 5. p. 174. Plutar. in Peric. Thucyd l. 6. Diod. Sic. l. 13. p. 225. Hiſt. de Gré. l. 2. p. 445.

Plutar. in Peric.

On ſait que Periclés avoit à Sparte des penſionnaires, qui l'inſtruiſoient exactement de ce qui s'y paſſoit de plus ſecret, & qui lui furent d'une grande reſſource, pour entretenir la paix avec cette République, juſqu'au moment où ſon propre intérêt, & la difficulté de rendre ſes comptes l'obligèrent d'allumer lui-même la fameuſe guerre du Péloponnèſe, & de porter contre Mégare ce rigoureux décret, qui en fut regardé comme la cauſe immédiate.

Thucyd. l. 1. 2. 46 &c.

Ce grand Homme dans le diſcours qu'il prononça, pour engager les Athéniens à rejetter les demandes hautaines des Lacédémoniens, oppoſe les richeſſes d'Athènes & ſa brillante marine à l'état de Lacédémone, dépourvue du nerf de la guerre & de vaisseaux, & sans connoissance de la navigation. Aussi Lacédémone dès la seconde année de la guerre envoye des Ambassadeurs au Roi de Perse, pour rechercher son alliance, pour en tirer de l'argent & des flottes. L'amour de l'argent avoit déja tellement prévalu que les plus vertueux Généraux de Sparte se croyoient obligés d'employer ce ressort, pour exciter la valeur. Brasidas, dont la réputation avoit fait passer du côté de Sparte une partie des Alliés d'Athènes, sur la fausse croyance que les autres Généraux Lacédémoniens étoient aussi désintéressés, aussi équitables que lui, Brasidas lui-même, promet trente mines d'argent à celui qui monteroit le premier sur les murailles de Lécythe, qu'il assiégeoit. Cependant l'Histoire remarque qu'il consacra cet argent à la Déesse Pallas, sous prétexte qu'il y avoit eu quelque chose de surnaturel dans la prise de cette place. Seroit-ce que ce vrai Spartiate rougissoit d'avoir proposé pour prix à la valeur de ses Compatriotes, ce que Lycurgue leur avoit appris à fouler aux pieds?

Thucyd. l. 4.

Depuis 424. avant. J. C.

Mais le tems approchoit, où ce dangereux métal alloit subjuguer le seul peuple, qui jusques-là l'eût méprisé. Sparte acheta son triomphe sur Athènes au poids de l'or, puisqu'à Ægos-Potamos, elle corrompit à force de largesses plusieurs Officiers de la flotte d'Athènes. Elle acheta sa propre perte. Cette victoire complette, qui coûta aux Athéniens leurs murs & leur liberté, fut infiniment plus fatale aux vainqueurs. Les murs d'Athénes se relevèrent, ses trente Tyrans furent chassés. L'innocence une fois bannie de Sparte n'y revint plus. La sage discipline de Lycurgue renversée ne se rétablit point. On voit

Pausan. in Messen.

que je parle de l'introduction de l'or & de l'argent dans Sparte.

SECONDE CAUSE EXTERNE. *L'introduction de l'argent.* Depuis 404. avant J. C. Pausan. in Beot. Plutar. in Lycurg. & in Lysan.

Ce fut Lysander, qui causa cette triste révolution. Ce fut lui, qui alluma dans les cœurs de ses Concitoyens, les feux de cette passion insatiable. Aussi quelque signalés que soient les services qu'il a rendus à sa Patrie, j'estime, dit Pausanias, qu'il lui a fait beaucoup plus de mal que de bien.

Sous le Régne d'Agis I I., l'argent commença à se glisser dans Sparte, & avec l'argent l'avarice, l'ambition, & tous les vices qui font son cortége ordinaire. Lysander, d'ailleurs incapable de se laisser éblouir par l'éclat des richesses, fit cesser l'étonnant spectacle que donnoit depuis si longtems sa Patrie. Seule entre toutes les Villes de l'Univers, elle ignoroit, ou dédaignoit l'usage de l'or. En y faisant entrer les sommes immenses, qu'il avoit amassées dans la guerre & au pillage d'Athènes, il renversa les Loix de Lycurgue.

Plutar. in Lysan.

Jusqu'à ce moment, c'est toujours Plutarque qui parle, fidéle à ses Loix, Sparte offroit à toutes les Villes du monde, le modèle de la plus parfaite police. On l'eut prise, moins pour une Ville bien réglée, que pour la maison d'un homme religieux & incorruptible. De même qu'Hercule avec une peau de lion & une massue, parcouroit le monde & le purgeoit de voleurs & de tyrans; ainsi Sparte avec une simple bande de parchemin (*a*) gouvernoit la Grèce volontairement sou-

---

(*a*) On connoit la *Scytale*, bande de cuir ou de parchemin, qui tenoit lieu de chiffre aux Lacédémoniens, lorsqu'il falloit adresser des ordres secrets aux Généraux & aux Ambassadeurs. Voyez Plutarque vie de Lysandre.

mise à son empire, calmoit les séditions, étouffoit les tyrannies, éteignoit les guerres. Elle n'avoit qu'à envoyer un seul Ambassadeur. A peine se montroit-il que tous les citoyens accouroient en foule autour de lui, comme les abeilles autour de leur roi, & mettoient à ses pieds leur haine & leurs différends : tant la réputation de la justice & de la sagesse de son gouvernement, imprimoit de respect à tous les peuples !

La séduction de ce métal perfide se fit sentir aussi-tôt dans la personne d'un des plus illustres Capitaines de Sparte, (a) lequel pour s'approprier une partie des richesses, dont il étoit le porteur, ne rougit pas de descendre à la derniere des bassesses, & de ternir la gloire qu'il avoit acquise dans la guerre de Sicile. Diod. Sic. l. 13. p. 225.

On s'imagina prévenir tous les abus, & procurer à la fois le bien public, en ordonnant que l'argent n'auroit cours que pour les affaires de l'Etat (b), & que tout particulier qui s'en trouveroit saisi, seroit mis à mort sur le champ. Mais c'est en vain, dit éloquemment Plutarque, que les Ephores plaçoient comme en sentinelle à la Plutar. in Lysan.

(a) Gylippe.

(b) On ne connoissoit autrefois que des médailles de bronze de Lacédémone. Pour la monnoye de fer, seule en usage du tems de Lycurgue, il ne s'en est point conservé. Depuis quelques années, on a recueilli plusieurs médailles d'argent de cette République. Elles n'ont rien, qui puisse nous servir à fixer avec quelque précision le tems où elles ont été frappées. Mais au jugement des connoisseurs, elles sont toutes postérieures à Lysandre, c'est-à-dire à l'époque de l'introduction de l'or & de l'argent. Ainsi elles ne nous apprennent rien. Elles ne peuvent servir qu'à confirmer & à rendre palpable ce que nous sçavions déja par l'Histoire. *Voyez le recueil des Médailles &c.* Par M. Pellerin. Mém. de l'Ac. des B. Lettres t. 1. Recueil des Médailles.

porte de chaque maison, la Loi & la terreur du supplice, pour fermer l'entrée à l'or & à l'argent, tandis qu'ils ouvroient les cœurs à l'admiration & au desir des richesses. Ils en inspirèrent aux particuliers l'estime & la passion, en montrant le cas qu'en faisoit la République. Ils condamnérent à mort Thorax, ami de Lysander, & quelques autres, chez qui l'on trouva de l'argent malgré la défense. Mais bientôt la multitude des prévaricateurs fit taire les Loix. La République elle-même donna le plus pernicieux exemple à ses citoyens, en refusant aux Thébains & aux Corinthiens la part qu'ils demandoient dans le butin d'une guerre, dont ils avoient partagé les frais & les périls. Ce qui aigrit les esprits à un tel point, qu'on put prévoir dès-lors cette guerre qui fut si fatale aux Spartiates. Lacédémone aliéna les cœurs de tous ses confédérés, elle vexa les vaincus, & leur imposa des tributs onéreux. Et ces mêmes hommes, qui peu auparavant ignoroient l'usage de la monnoye, se firent un revenu de plus de mille talents.

Justin. l. 5. p. 65.

Diod. Sic. l. 14. p. 241.

En un mot, tous les Auteurs s'accordent à regarder l'introduction de l'argent à Lacédémone, comme la plus manifeste transgression des Loix de Lycurgue, & le principe de toutes les autres. Et depuis cette époque funeste, ses plus grands admirateurs nous la font voir perdant chaque jour quelque chose de sa puissance, ainsi que de sa vertu. Diodore de Sicile ne fait que recueillir le sentiment de tous ceux qui l'avoient précédé, lorsqu'il écrit que les Lacédémoniens ayant négligé les Loix de Lycurgue, l'une après l'autre, s'étant laissés aller à l'oisiveté & aux plaisirs, mais sur tout l'usage de l'argent leur ayant donné du goût & de la facilité pour en amasser, ils

Diod. Fragment. Constant. Porphyrog.

dégénérèrent, & déchurent également de leur puissance & de leur réputation. Mais cela n'arriva que lentement, & par une gradation presque insensible.

On voit peu-après que les Grecs d'Asie s'empressent d'aller servir sous Thymbron, Général Lacédémonien, précisément parce que c'étoit un Lacédémonien. Diodore de Sicile suppose un motif beaucoup moins honorable pour le Général & pour les Grecs. Il prétend que ce fut l'attrait d'une grosse paye, qui détermina ceux-ci; mais son autorité ne peut balancer celle de Xénophon, témoin oculaire & acteur.

Depuis 400 avant J. C. Xénophon. Hist. Græc. l. 3. p. 480. Diod. l. 14. p. 265.

Agésilas, qui moins ambitieux & moins guerrier, eût été un autre Lycurgue, releva encore la gloire des armes de Sparte, & jusque dans le centre de la mollesse & du luxe Asiatique, donna constamment l'exemple de toutes les vertus antiques de sa patrie. Mais ses soldats ne furent pas comme lui, inaccessibles à la contagion. A l'exemple de l'armée de Lysander, & de Lysander lui-même, ils prirent du dégoût pour les Loix austères de Lacédémone, & rapportèrent avec eux la passion des plaisirs & du faste. On vit le Chef même du Conseil, que Sparte avoit donné au Roi, au mépris de toutes les régles de la politique & de l'équité, dépouiller les troupes des Alliés du butin qu'elles avoient fait dans le camp de Pharnabaze. Agésilas tout incorruptible qu'il étoit lui-même, contribua encore à la décadence des mœurs, en faisant entrer dans Sparte les nouvelles richesses qu'il avoit amassées en Asie. Et quand il dédaigne les grosses sommes d'argent que lui envoyoit Tithrauste, Général des Perses, & qu'il lui répond, qu'il

Depuis 396. avant J. C. Corn. Nep. in Ages. Xenophon. Orat. de Ages.

Potterus Archæol. l. 4. c. 21. Xenoph. Hist. Græc. l. 4. p. 510.

Plutar. in Agesi.

aimoit mieux enrichir ses Soldats, que de s'enrichir lui-même, & que les Grecs estimoient qu'il étoit beau, non de recevoir des présents, mais d'enlever les dépouilles de l'ennemi ; dans ce procédé, dans ce langage, on trouve sans doute une ame élevée & désintéressée, mais on n'y reconnoît point un Spartiate.

Cic. l. 2. de Offic. n. 77. &c.

Meurs. de regn. Lac. l. 3. c. 2.

Le Dieu de Delphes ne rendit donc jamais d'oracle plus vrai, que lorsqu'il déclara que Sparte ne périroit que par l'avarice. Et tous les Etats opulens, dit Cicéron, doivent s'appliquer cette prédiction. Aussi est-ce principalement sur les Lacédémoniens de ces tems-là que tombent les traits & les censures, que nous trouvons dans les Anciens, en particulier dans Isocrate, Platon, Aristote & Xénophon.

Xenoph. de Rep. Lac. p. 690.

La censure de Xénophon est la plus détaillée, & il n'en est point d'un aussi grand poids. Aucun Ecrivain n'a si bien saisi le génie de Lacédémone, les vertus & les vices des Lacédémoniens. Sa qualité d'Athénien ne doit pas le faire récuser, il étoit plus Lacédémonien que la plûpart des Lacédémoniens-même. Après avoir fait un éloge magnifique des Loix de Lycurgue, dans l'ouvrage qu'il a composé sur ce sujet, on me demandera peut-être, dit-il, si elles subsistent encore à présent sans aucune altération. Je n'oserois l'assurer. Car je sçais que les Lacédémoniens aimoient mieux autrefois vivre en simples particuliers, au milieu de leurs Concitoyens, que d'aller commander à leurs Alliés, & de se laisser corrompre par de vils flatteurs. Je sçais qu'autrefois c'étoit un crime parmi eux d'avoir de l'or, aujourd'hui plusieurs en font gloire. Je sçais que pour empêcher que les Lacédémoniens ne contractâssent les habitudes, les défauts & les

mœurs

mœurs des étrangers, on ne souffroit, ni que ceux-ci séjournâssent à Sparte, ni que les Lacédémoniens en sortîssent pour voyager. A présent ils font jouer toute sorte de ressorts, pour se faire donner le gouvernement des Villes Alliées. Autrefois leur ambition se bornoit à être jugés dignes de commander. A présent ils veulent commander à quelque prix que ce soit. Aussi les Grecs qui alloient solliciter les Lacédémoniens de se mettre à leur tête, pour les venger des oppresseurs & des tyrans, se réunissent tous aujourd'hui, pour empêcher que ces mêmes Lacédémoniens ne recouvrent l'empire, que leur injustice & leur hauteur leur ont fait perdre. Xénophon rapporte ailleurs qu'un peu avant la journée de Leuctres, Autoclès, Ambassadeur d'Athènes, parlant dans le Sénat de Sparte en présence des Alliés, reprocha aux Lacédémoniens qu'ils avoient sans cesse à la bouche le nom de liberté, & qu'ils en étoient en effet les plus grands ennemis; qu'ils contraignoient les Alliés à les suivre par-tout, & quelquefois à faire la guerre à leurs meilleurs amis; qu'ils établissoient des magistrats dans les Villes libres, non pour y exercer une autorité douce & légitime, mais pour les retenir par force dans leur parti; qu'enfin ils affectoient une domination tyrannique & insupportable. L'Histoire remarque que ceux des confédérés, qui en vouloient aux Lacédémoniens, furent ravis de ce qu'on avoit eu le courage de leur dire en face leurs vérités.

Xénophon. Hist. Græc. l. 6. p. 491 &c.

L'usage de l'argent ne tarda pas à en inspirer la passion, & fut une des sources principales de cette altération déplorable des mœurs & des Loix, On n'eut pas honte de recourir, pour en amasser, aux voies les plus iniques & les plus odieuses. Sparte, qui jusqu'alors, bien différente en ce point d'Athènes, n'avoit point tiré de contribution de ses alliés, grossit ses trésors des dépouilles des ennemis, des subsides des Perses, & des tributs qu'elle leva dans les Villes qu'elle s'etoit assujetties. C'est par ces moyens qu'elle devint en si peu de tems plus opulente que tout le reste de la Grèce. Peu auparavant elle se glorifioit encore d'avoir rompu les fers de la Grèce entière, d'avoir chassé les Tyrans d'Athènes, après les avoir exterminés par tout ailleurs, sans jamais s'être servie de ses victoires, pour établir sa propre domination. Le témoignage le moins suspect & le plus honorable confirmoit le sien, celui de ses ennemis. Alcibiade lui faisoit un crime auprès du Satrape Tissapherne, du projet qu'elle avoit formé d'affranchir tous les Grecs d'Asie, & de ce qu'elle ne souffriroit jamais, comme Athènes, qu'ils retombâssent sous la domination Persane. Maintenant infectée, avilie par la plus basse des passions, trop éprise des charmes de l'or pour l'être de la gloire, elle se hâte de conclure avec l'empire le plus opulent qui fût alors, l'infâme traité d'Antalcide, & force tous les Grecs à le signer. Elle sacrifie aux Barbares la liberté de toutes les Villes Grecques de l'Asie, cimentée par le sang de tant de braves guerriers.

Thucyd. l. 1. p. 5 &c. Isoc. Orat. de Pace p. 308 &c. Ub. Em. descrip. Reip. Lac. p. 142. Plat. in Alcib. 1. p. 33.

Depuis 387 avant J. C. Xenophon Hist. græc. l. 5. p. 550. Plutar. in Ages. & in Apoph.

Cette lâcheté fut cruellement punie. Jamais la domination de Lacédémone n'avoit été si étendue. Jamais elle n'avoit paru mieux affermie. Thébes & toute la Béotie dans les fers, Corinthe soumise, Argos abbatu, Athènes abandonnée, tous les Peuples, dont la fidélité & l'attachement lui étoient suspects, domptés, l'empire de Lacédémone paroissoit inébranlable. La Grèce entière étoit à ses

Depuis 380 avant J. C. Diod. Sic. l. 15, p. 343. Xenophon Hist. græc. l. 5. p. 565 &c.

pieds. Elle disposoit des trésors & des vaisseaux du Grand Roi, qui la redoutoit. Mais les atteintes portées à ses mœurs & à ses Loix, commençoient à miner sourdement les fondemens de sa grandeur. Cet esprit de cupidité & d'ambition, si opposé au plan de Lycurgue, & que les succès & les richesses enflammoient de plus en plus, l'humeur belliqueuse & le ressentiment personnel d'Agésilas contre les Thébains renversèrent pour jamais sa puissance. Pensant détruire ces Peuples, dont l'agrandissement donnoit de l'ombrage à Sparte, Agésilas ne fit que les aguerrir. Il leur rendit le même service, que Charles XII. a rendu aux Russes. A force de les vaincre, il leur apprit à le vaincre lui-même. Antalcidas dit très-à propos, un jour qu'on rapportoit de la Béotie Agésilas blessé dangereusement : » Agésilas, vous » recevez-là un digne salaire des leçons, que vous » avez données aux Thébains dans le métier de » la guerre, qu'avant vous ils ne vouloient, ni » ne pouvoient apprendre. » En cela les Lacédémoniens violoient une de leurs Loix, laquelle pour prévenir un semblable inconvénient, leur défendoit de faire long-tems la guerre aux mêmes ennemis.

Plutar. in Agef. & in Apoph.

Thèbes nourrissoit dans son sein deux Héros, qui de l'état de foiblesse & d'esclavage où elle étoit réduite, alloient la faire passer rapidement à la tête de la Grèce. Pélopidas dompta près de Tégyre la fierté des Lacédémoniens jusqu'alors indomptable, & la fit passer dans le cœur des Thébains, qui de ce moment se crurent invincibles, & le devinrent en effet. Il chargea & mit en fuite un corps de troupes, trois fois plus nombreux que le sien. Il n'étoit point encore arrivé que les Lacédémoniens eûssent été battus, s'ils n'avoient été accablés par

Depuis 377 avant J. C.

Diod. Sic. l. 15. p. 354. &c.

Plutar. in Pelopid.

Diod. Sic. l. 13. p. 178.

le nombre. Ils se vantoient que jamais on ne les avoit vus fuir. Et les ennemis à forces égales n'osoient se présenter devant eux. Qu'étoit donc devenue cette noble audace, qui répondoit de la victoire, & qui la donnoit, qui ne demandoit jamais le nombre des ennemis, mais où ils étoient ?

Cic. Tuscul. Quæst. l. 1. c. 2.

Depuis 351 avant J. C.

Xenophon Hist. græc. l. 6. p. 596 &c.

Diod. l. 15. p. 350 &c.

Plutar. in Agés.

L'illustre collégue de Pélopidas, Epaminodas, qu'un excellent juge regardoit comme le premier des Grecs, à la journée de Leuctres fit tomber sans ressource la puissance des Lacédémoniens, & du même coup ébranla tout l'édifice de leur législation.

Je ne sçais si je ne pourrois pas remarquer ici comme une suite de l'affoiblissement de l'esprit national, & une des causes de la décadence entière des Loix, un trait où Plutarque veut nous faire admirer la prudence, & la politique consommée d'Agésilas. Après la bataille de Leuctres, Lacédémone se trouvoit remplie de Citoyens, qui en avoient perdu les droits & les honneurs, qui pour avoir pris la fuite, devoient selon la rigueur de la Loi, être déclarés infâmes, exclus de toutes les charges, & même de tout commerce avec ceux qui n'avoient point eu de part à leur lâcheté. On craignoit de perdre des défenseurs, dont l'Etat avoit un besoin si pressant. On eut voulu en même-tems conserver l'autorité des Loix. Dans cet embarras, on crut devoir s'en rapporter à la décision du Roi Agésilas, qui prononça gravement qu'il falloit laisser dormir les Loix pour ce jour seulement, & les réveiller aussi-tôt après. Par ce moyen il conserva les Loix en leur entier, dit Plutarque, & rendit à Lacédémone un grand nombre de Citoyens & de Soldats, qu'elle étoit sur le point de perdre.

Plutarque ne trouvera-t-il pas des censeurs, qui jugeront que cet expédient si vanté n'est qu'une subtilité, plus digne d'un Sophiste, que d'un Héros & d'un Roi ; qu'un troupeau de pareils défenseurs, qui ont préféré une vie infâme à la mort ou à la victoire, quelque nombreux qu'il soit, est inutile à l'Etat, mais que la perte de sa discipline, de cet esprit de fierté & d'audace, qui avoit fait jusques-là toute sa force, est irréparable ? Et c'est précisément parce que l'Etat se trouvoit dans le plus grand danger, où il eût jamais été, qu'il falloit serrer plus que jamais les liens de la discipline militaire, loin de souffrir qu'elle se relachât. Il n'y avoit plus que la force de son institution guerriere, qui le pût sauver. Rome en jugea de la sorte, & l'empire du monde qu'elle dut à la vigueur invincible de sa discipline, nous prouve qu'elle en avoit bien jugé. Ferme & sévère dans tous les tems, elle se montroit inéxorable & presque cruelle, dans les tems de désastre & de crise. C'est après la destruction de l'armée de Régulus, & par le conseil de cette ame héroïque, qu'elle laisse sans pitié périr dans les fers, des soldats, qui pour sauver leurs jours, n'ont pas rougi de parler de paix, les armes à la main, au milieu de la mêlée. Elle ne crut pas que l'honneur une fois banni du cœur y rentrât jamais. Et après la journée de Cannes, plus funeste pour Rome, que Leuctres ne l'avoit été pour Sparte, elle refuse avec une fermeté inébranlable de traiter de la rançon des prisonniers. Elle condamne tous ceux qui avoient fui, à porter les armes en Sicile, confondus avec les troupes de rebut, sans avoir à esperer ni récompense, ni congé, ni distinction. Elle préfére à des citoyens que la lâcheté a dégradés, 80000 escla-

Horat. l. 3. od. 5.

Tit. Liv. l. 22. c. 57. & 61. l. 23. c. 25.

ves, qui se présentent pour s'entôler, & qui bientôt parurent dignes de cet honneur. Rome sentoit que la vue d'Annibal, lorsqu'il offrit de rendre les prisonniers, étoit de refroidir le courage de la Milice Romaine, en lui ouvrant une espérance de salut dans sa lâcheté même. Elle ne lui laisse d'autre alternative que de vaincre ou de périr. Effrayé de ce courage indomptable, le plus grand ennemi des Romains, dans le sein de la victoire commence à désespérer du salut de Carthage, tandis que le Sénat & le Peuple Romain s'empressent d'aller au-devant de Térentius-Varro, l'auteur de leur calamité, pour le remercier de ce qu'il n'a pas désespéré du salut de la République.

Polyb. l. 6. sub fin.

Mais il n'étoit pas possible que l'ardeur martiale, que la jalousie de la gloire & de l'empire de la Gréce s'éteignîssent tout-à-coup, & ne transportâssent point des Spartiates, au moment du désastre de Leuctres. On vit alors qu'ils n'avoient pas entiérement dégénéré. A ce coup de foudre, Sparte, comme revenue d'une profonde létargie, rappelle toute sa vertu. Elle apprend au milieu des jeux publics cette nouvelle accablante. Elle les continue avec la même sérénité, que si elle eût appris une victoire. Et le lendemain les pères des guerriers morts pour la patrie, se félicitent mutuellement (a). Le deuil & la confusion ne sont que pour ceux dont les enfans ont survécu

Plutar. in Agef.

(a) Sparte nous offre plusieurs exemples d'une constance qui n'avoit pas de modèle, & qui n'a point trouvé d'imitateurs. Xénophon rapporte qu'après l'echec reçu à Léchée, La consternation se répandit dans le camp d'Agésilas, mais que les parens des morts sembloient triompher de leur perte.

Xénophon Hist. græc. l. 4. p. 528.

à la honte de Sparte. Exemple de magnanimité au-dessus des éloges ! Mais je voudrois qu'elle triomphât de la nature, sans l'étouffer.

Voici un trait de générosité & d'héroïsme encore plus grand, s'il est possible. Au comble de leurs disgraces, les Lacédémoniens ont la douleur de voir leurs Alliés près de succomber, & de ne pouvoir leur porter de secours. Ils conseillent eux-mêmes aux Corinthiens de faire la paix, ils le permettent aux autres. Et quoique seuls désormais contre tous leurs ennemis, ils déclarent qu'ils n'accepteront jamais de conditions dont ils puissent rougir, qu'ils n'abandonneront point la Messénie, que leurs pères leur ont laissée, qu'ils continueront la guerre, & qu'ils subiront le sort que Dieu leur a destiné.

Xenophon Hist. græc. l 7. p. 634 &c.

Et lorsque Lacédémone vit pour la première fois l'ennemi sur ses terres, une armée formidable, commandée par un Héros bien plus formidable encore, passer l'Eurotas, la seule barrière qu'elle eût à lui opposer; Agésilas, rallumant tous les feux de son courage dans un corps usé par les fatigues & glacé par les années, & un fils digne de lui, Archidamus à la tête de la jeunesse Lacédémonienne, qui se signale à l'envi par des prodiges de valeur, arrachent leur patrie par ce noble désespoir des mains de ses vainqueurs. Ils payent ainsi à Sparte le salaire de l'éducation, qu'elle leur avoit donnée. C'est la réflexion de Plutarque, qui nous apprend que la vigueur de la discipline Lacédémonienne ne s'étoit pas encore énervée.

Plutar. Ages.

Xénophon en jugea de même, lorsqu'il envoya ses enfans à Lacédémone, par le conseil d'Agésilas, pour y apprendre la première des sciences, à obéir & à commander.

Un des plus illustres compatriotes de Xénophon ne craignit pas de suivre son exemple, & de s'attirer les reproches du peuple d'Athènes, qui ne pardonna point à Phocion la préférence qu'il donna en cette occasion à sa rivale.

Plutar. in Lysand. in Agid. & Cleom.

Cette mâle & sévère discipline ne put se maintenir longtems. L'usage de l'argent introduisit le luxe & l'avarice. Le luxe & l'avarice éteignirent l'esprit d'égalité, amollirent les mœurs, ouvrirent enfin la porte à la volupté & à tous les vices. Cependant la Loi du partage des terres & de l'égalité des fortunes, subsistant sans aucune atteinte, remplaça en quelque sorte presque toutes les autres Loix violées & méprisées, & retint l'Etat sur le penchant de sa ruine. C'étoit du moins une digue, qui gênoit le torrent dans son cours. L'Ephore Epitadès la força, pour assouvir ses ressentimens contre son fils. Il fit passer une Loi, qui permettoit à tout citoyen de disposer à son gré de sa maison & de son héritage, soit pendant sa vie, soit après sa mort.

Ub. Em. descrip. Reip. Lac. p. 105. &c.

Je ne connois que Plutarque parmi les Anciens, qui ait fait mention de cette Loi. Et il ne nous apprend pas en quel tems elle fut portée. Mais il paroît par la suite du texte, & par l'histoire de Lacédémone, que ce fut peu après Lysander, mort environ 394 ans avant J. C., & assez longtems avant le régne d'Agis IV., mort l'année 144 avant J. C.

Le relâchement & la dépravation de mœurs, qui avoient fait recevoir sans contradiction une Loi, qui heurtoit de front toutes les autres, en multiplièrent à l'infini les suites funestes. Depuis ce moment, les grands & les riches firent chaque jour de nouvelles acquisitions. Tous les biens passèrent insensiblement dans les mains d'un petit nombre de particuliers. Il ne restoit enfin dans Sparte, du tems d'Agis IV. qu'environ sept cens Spartiates, dont il y en avoit à peine cent qui eûssent conservé leurs héritages. Tous les autres accablés de misére soutenoient à contre-cœur les charges de la guerre, & soupiroient après une révolution, qui fît changer de face à la République & à leur fortune.

Cette altération des Loix en produisit une nouvelle. D'un côté le besoin, de l'autre le goût du luxe & des plaisirs bannirent de Sparte les Arts libéraux, & y introduisirent les Arts mercénaires, & propres à flatter les passions.

Aristote dit que le nombre des propriétaires des biens-fonds, montoit à mille, ce qui n'infirme pas l'assertion de Plutarque, qui n'en compte que cent, puisqu'ils parlent tous deux de différens tems. Leurs textes rapprochés font seulement connoître les progrès du mal, depuis Aristote qusqu'à Agis IV. Mais où il n'est pas possible de les concilier, c'est lors qu'Aristote assure que l'égalité des fortunes n'a pu subsister à Lacédémone, parce que le Legislateur avoit permis aux citoyens de donner leurs biens pendant leur vie, & de les laisser par testament. Aristote a contre lui Plutarque, & tous les Anciens. Ils conviennent unanimement qu'à Sparte le nombre des héritages & des propriétaires étoit fixé pour toujours. Cela entroit même nécessairement dans le plan de Lycurgue. Eh! qu'elle idée aurions-nous de la sagesse & de la prévoyance du plus célèbre des Législateurs, qui ne seroit parvenu à former un établissement aussi salutaire, malgré une foule d'obstacles qui le traversoient, que pour laisser à chaque particulier la liberté de le détruire sur le champ?

Arist. l. 2. de Rep. c. 9.

Sans doute Ariſtote, qui ne paroît pas toujours parfaitement inſtruit de ce qui concerne Lacédémone, après s'être élevé à juſte titre contre un déſordre, qu'il trouvoit enraciné dans ce gouvernement, & dont il ne connoiſſoit pas l'auteur, l'aura cru de la même ſource & de la même date, que le gouvernement même. Peut-être auſſi que rival de Lycurgue en fait de Légiſlation, comme de Platon en fait de Philoſophie, il ſe ſera porté plus aiſément à imputer au Légiſlateur ce qui ne doit être attribué qu'à l'Ephore.

Quoi qu'il en ſoit, l'erreur du Philoſophe nous vaudra une vérité. Son autorité eſt précieuſe ici, pour déterminer d'une manière moins vague le tems de cette innovation. Il eſt conſtant par ce que dit Plutarque qu'elle n'arriva que pluſieurs années après la priſe d'Athènes par Lyſander, l'an 404 ou 405 avant J. C. Ariſtote nous la montrant tellement enracinée, qu'elle ſemble comme identifiée avec les Loix primitives de la République, & qu'on en ignore l'auteur, dépeignant les maux infinis qu'elle à déja cauſés, nous oblige à la faire remonter le plus haut qu'il eſt poſſible après l'introduction de l'argent à Sparte, puiſque cet événement n'eſt antérieur que de vingt ans à ſa naiſſance, qui tombe à l'année 384 avant J. C.

Les deux Loix fondamentales de Sparte étant ainſi, je ne dis pas enfreintes, ou mal obſervées, mais abrogées par l'autorité publique, durent entraîner le violement des autres, & la décadence de l'Etat. Cependant pour en avoir conſervé quelques unes, on vit les Lacédémoniens donner encore des exemples de vertu & de grandeur d'ame, qui n'appartiennent qu'à eux. Sous Philippe de Macédoine, ſi nous nous en rapportons à Pauſanias, Sparte fut la ſeule Ville de la Grèce,

Plutar. in Inſtit. Lac.

Pauſan. in Achaï.

qui ignora les noirs complots & la trahiſon, tandis que toutes les autres furent plus infectées par les vices, qu'elles ne l'avoient été par la peſte quelques années auparavant. Sous le même Prince, après la bataille de Chéronée, qui fut le tombeau de la liberté de la Grèce, ſous Aléxandre le grand, après la deſtruction de Thébes, & lors même que le Conquérant de l'Aſie fut parvenu au comble de ſa gloire, les Lacédémoniens réduits alors à une poignée de monde, & leur ville toute ouverte, furent les ſeuls des Grecs, qui dédaignèrent d'aller combattre les Perſes, ſous les drapeaux de la Macédoine. Ils ne pouvoient oublier que leurs pères avoient été à la tête de tous les Grecs : ſeuls ils oſerent rejetter un joug, au-devant duquel l'univers couroit. Ils n'eurent garde à plus forte raiſon de ſe ſoumettre aux autres Rois de Macédoine. Ils ne ſe trouvèrent point dans les aſſemblées, qu'ils convoquèrent, & ne fournirent jamais leur contingent, comme les autres Grecs. Plutar. in Inſtit. Lac.

Philippe enflé de ſes victoires, leur écrit-il d'un ton menaçant qu'il ſaura bien empêcher qu'ils ne faſſent rien de ce qu'ils projettent? *Hé quoi*, répondent-ils, *nous empêcheras-tu de mourir*? Et une autre fois, encore plus fièrement & plus laconiquement : *Denys à Corinthe*. Cic. Tuſcul. diſput. l. 5. c. 14. Demet. Phal. de Elocu.

Ils ſe glorifioient de l'inſcription, qu'Aléxandre, pour ſe venger d'eux, avoit fait graver ſur ſes trophées. *Alexandre fils de Philippe, & tous les Grecs, excepté les Lacédémoniens, ont remporté ces dépouilles ſur les Barbares de l'Aſie*. Ils ne craignent pas d'attirer ſur eux ſa colère, en couvrant de ridicule le fol orgueil, qui le faiſoit aſpirer aux honneurs de la Divinité. Dans le tems que toutes les Républiques de la Grèce s'empreſ- Plutar. in Alex. Plutar. in Apoph. Lac. Ælian. l. 2. c. 7.

ſent à l'envi d'exécuter les ordres, que le Vainqueur des Perſes leur a envoyés à ce ſujet, & que les plus beaux génies de l'univers ſe dégradent à Athènes, en épuiſant toutes les inventions de la flatterie, les Lacédémoniens font un décret en ces termes : *Sous l'Ephore Eudamidas, Aléxandre veut être Dieu, qu'il le ſoit.* Tandis que ce Prince eſt occupé dans les guerres d'Aſie, preſque tous les Grecs croyent l'occaſion favorable pour ſecouer le joug. Ils courent aux armes ſous les auſpices de Lacédémone, qui leur donne Agis pour les commander. Si la ſupériorité du nombre l'emporte, l'hiſtoire rend du moins ce témoignage au Roi Agis, que tout vaincu qu'il eſt, il ne parut inférieur à Aléxandre qu'en bonheur, point du tout en courage. Obligée de céder à ſa deſtinée, Lacédémone envoye faire des excuſes à Aléxandre, qui les reçoit avec douceur, & ſe montre digne de la victoire. Ce ſont-là, pour ainſi parler, les derniers efforts du génie de Sparte expirant. Et quoique nous n'ayons pas compté la puiſſance de la Macédoine parmi les cauſes particulières de l'altération des Loix de Lycurgue, parce qu'elle ne frappa point directement ſur elles, & que même Philippe & Aléxandre n'eurent aucun démêlé perſonnel avec les Lacédémoniens ; il eſt conſtant néanmoins que ces deux Princes, le premier profitant habilement des diviſions & de la rivalité des Grecs, pour les détruire les uns par les autres, le ſecond enchaînant la fortune même par l'impétuoſité de ſon courage, & par la hauteur de ſes deſtinées, ont porté le coup-mortel à la conſtitution de toutes les Républiques Grecques, & préparé la révolution totale, qui ſe conſomma ſous les Romains.

Juſtin. l. 12. Sub init.

Peu de tems après la Loi d'Epitadés, on donna

aux Loix de Lycurgue une nouvelle atteinte, qui eut encore de grandes suites. *Je parle de l'abolition des repas publics.* Cette école de tempérance & de sagesse, qui avoit été si salutaire aux anciens Spartiates, devenoit de jour en jour plus insupportable à leurs descendans, à mesure que le luxe faisoit des progrès, & que les voluptés efféminoient les mœurs. Il paroît qu'ils subsistoient dans toute leur austérité du tems d'Alcibiade, qui pour cette raison ne s'étonnoit pas, non plus que les Sybarites, que les Lacédémoniens courûssent si gayement à la mort. Ils se maintenoient encore du tems de Denys le jeune, Tyran de Syracuse, lequel ayant eu la curiosité d'aller à ces repas, trouva détestable le ragoût noir, qui en étoit comme la baze. Le Cuisinier, qui sans doute ne l'eût pas disputé aux nôtres, pour l'intelligence de son art, mais homme au-dessus de son état, & vraiment digne de traiter des Spartiates, en donna la raison au Tyran. *C'est*, dit-il, *qu'il manquoit à ce ragoût l'assaisonnement, qui le fait trouver délicieux aux Lacédémoniens. Quoi donc?* reprit Denys. *La fatigue de la chasse, la course sur les bords de l'Eurotas, la faim & la soifs.* Ce dernier fait ne put arriver que depuis la retraite de Denys à Corinthe, 347 ans avant J. C.

QUATRIEME CAUSE EXTERNE. Depuis 30◦ avant J. C.

Stob serm. 29. Athen. Deiphnop. l. 4. p. 141. &c.

Cic. Tuscul. disput. l. 5. c. 34.

Il en fut sans doute de l'établissement dont nous parlons, comme de tous les autres. Il dégénéra & s'affoiblit par degrés, avant que de cesser, ou d'être entièrement corrompu.

Depuis 2?e avant J. C.

Phylarque nous apprend, que le Roi Aréus contemporain de Pyrrhus, & son fils Acrotatus dispensèrent de l'obligation de se rendre aux repas publics, & y introduisirent le luxe & la bonne chère. Acrotatus monta sur le trône après Aréus,

Phylar. apud Athen. Deiphon. l. 4. p. 141. &c. Crag de Rep. Lac. p. 36.

l'année 265 avant J. C., ou environ, & ne régna que 7 à 8 ans.

Cette dernière infraction des Loix énerva tellement la vigueur & l'austérité des mœurs Lacédémoniennes, qu'à peine en resta-t-il quelques foibles traces. Meursius prétend que Pausanias contredit ici Athénée, en assurant que les Lacédémoniens se trouvoient encore de son tems aux repas publics. La contradiction n'est qu'apparente. Car Pausanias dit précisément, qu'on montre le tombeau de Tisamène fils d'Oreste dans le même endroit, où se font les repas des Lacédémoniens. Et Athénée rapporte seulement que depuis les Rois Aréus & Acrotatus, les Lacédémoniens se dispensent de se trouver à ces repas, ou du moins que la simplicité & la frugalité antiques avoient fait place à la délicatesse des mets, à la mollesse des lits, sur lesquels les conviés étoient couchés, à la profusion des parfums les plus exquis, qu'on faisoit venir à grands frais des pays étrangers. Cicéron vante aussi la sobriété des Lacédémoniens dans leurs repas publics. Mais il paroît par la suite du texte & par le trait qu'il cite de Denys le jeune, qu'il ne parle pas des Lacédémoniens de son tems. C'est ainsi qu'il dit au même endroit, que les Perses selon Xénophon, ne mangent que du cresson avec le pain, ce qui certainement ne peut convenir qu'aux siècles les plus reculés de la Perse.

Meurs. de regn. Lac. l. 1. c. 10.

Pausan. in Achaï. p. 1.

Cic. Tuscul. disp. l. 5. c. 34.

On diroit que la hardiesse & la valeur Spartaines étoient attachées à cette frugalité, que Lycurgue avoit si à cœur. Non, on ne reconnoît plus les enfans de Léonidas & de ses trois cens Spartiates, qui volant à une mort inévitable, osent disputer à un million d'hommes, le passage des Thermopyles, consternent les Perses, relèvent

Diod. Sic. l. 11. p. 5.

le courage des Grecs par cette audace inouie ; & élevent la gloire de leur défaite au-dessus des plus célébres victoires. C'est à peu près dans ce tems-là, que contre la défense de son Législateur, les Lacédémoniens commencent à fortifier leur Ville. Justin dit que ce fut pour se défendre contre Cassander, qui fit une irruption dans le Péloponnèse, vers l'an 317 avant J. C. Mais selon Pausanias, ils n'eurent recours à ces précautions que pour repousser les attaques de Démétrius Poliorcète, vers l'an 299 avant J. C., & de Pyrrhus Roi d'Epire vers l'an 269.

Justin. l. 14. p. 148.

Pausan. in Acha.

Ces mêmes hommes, qui en voyant la Citadelle de Corinthe, disoient avec un mépris insultant : *Quelles sont les femmes qui se cachent derriere ces murailles* ? Ces mêmes hommes ne se croyent point en sureté, s'ils n'en mettent de plus fortes entre eux & l'ennemi. Il arriva ce qu'on devoit attendre. Sparte avoit subsisté près de huit cens ans sans murs, & non-seulement elle n'avoit jamais été prise, mais Epaminondas seul avoit osé venir l'attaquer. Et quoiqu'à la tête de 70000 hommes, nombre prodigieux pour une armée Grecque, il avoit vu échouer la gloire de ses armes contre une Ville toute ouverte, mais à laquelle la valeur de ses habitans formoit un rempart impénétrable. Maintenant revêtue de murs & de fortifications, elle va être la proie de tous ceux qui viendront l'insulter, Macédoniens, Achéens, Romains. Jamais, dit ingénieusement un Ecrivain moderne, « jamais Sparte ne fut » plus foible, qu'après qu'elle fût entourée de » murailles. Et ses retranchemens que la crainte » avoit élevés, lui firent paroître ses ennemis » plus redoutables. Les Provinces perdues peu- » vent se recouvrer, mais ordinairement l'esprit

Plutar. in Apoph. Lac.

Tit. Liv. l. 39.

Plutar. in Agef.

Xenophon. Hist. Græc. l. 7. p. 643. &c.

Paral. des Rom. & des Franc. par M. l'A. de Mably. t. 2. p. 238. &c.

» & l'amour de la gloire se perdent une fois pour » toujours ».

Depuis 248 avant J. C. Plutar. in Agid. & Cleom. passim.

La corruption étoit à son comble, lorsqu'on se flatta de voir renaître les plus beaux jours de la République. Agis IV, plein de mépris pour le luxe & les délices, dans lesquels il avoit été nourri, ne faisoit cas de la Royauté, que pour travailler à remettre en vigueur les sages établissemens du plus illustre de ses ancêtres. Mais un peuple si dépravé ne méritoit pas un si bon Roi. Il périt victime de son magnanime projet. Sa tentative n'eut d'autre effet que de montrer la profondeur du mal, & de prouver qu'il étoit sans remède. La fin tragique d'Agis effraya quiconque eût pensé à former un pareil dessein. Au milieu de cette dépravation générale, on ne crut pas pouvoir même faire entendre sans danger les noms de tempérance, de frugalité, d'éducation antique.

CINQUIEME CAUSE. *Les Tyrans.*

Les Tyrans, les Achéens & les Romains, achevèrent de ruiner sans ressource le Gouvernement & les Loix.

Depuis 242 avant J. C. Plutar. in Cleom. Polyb. l. 2. & 4. Tit. Liv. l. 34. n. 26.

Si l'on ne connoissoit Cléoméne que par l'éloge que nous en a laissé Plutarque, on seroit fort surpris de le voir placer à la tête des Tyrans de Lacédémone. Mais je ne parle que d'après deux Historiens du plus grand poids, Tite-Live & Polybe, dont le dernier n'assure rien que ce qu'il a vu lui-même, ou appris de témoins dignes de foi. Tous deux s'accordent à nous représenter Cléomène, comme le premier Tyran de Lacédémone, qui a renversé la République, & converti en tyrannie une domination douce & légitime.

Mém. de l'Acad. des B. Lett. t. 14. p. 81 &c.

M. de Nicolaï observe fort judicieusement que Plutarque, homme de Lettres plus qu'homme d'Etat, d'Etat, a regardé Cléomène comme un nouveau Lycurgue, tandis que Polybe, aussi profond politique qu'excellent historien, n'a vu dans les changemens qu'il a faits, que des moyens qu'il imaginoit pour asservir sa patrie. Pausanias le dépeint aussi comme un tyran, qui vouloit se mettre au-dessus des Loix, subjuguer le Péloponnèse & la Grèce entière, qui avoit empoisonné son Collégue, & rempli Lacédémone de sang & d'effroi. Les faits dont Plutarque est obligé de convenir, nous en donnent à peu-près la même idée. La gloire & la puissance absolue, voilà les deux idoles de Cléomène, auxquelles il sacrifia tout. Grand homme, mais déplacé dans une République, la nature l'avoit destiné à porter le sceptre parmi les esclaves de l'Orient. (*a*)

Pausan. Corinth.

Du moins il rétablit la discipline militaire, & ranima dans le cœur de ses sujets les sentimens de bravoute presque éteints. On avoit vu peu auparavant, dit Plutarque, les Etoliens emmener en une seule fois 50000 esclaves de la Laconie. Mais alors Lacédémone redevient redoutable & respectable pour tous les Grecs. Elle remporte plusieurs victoires signalées, & la conquête d'une grande partie du Péloponnèse en est le fruit. Telle étoit la force de l'ancienne discipline de Lacédémone, qu'il suffisoit de la remettre en vigueur, pour voir aussi-tôt l'Etat prendre une

Plutar. in Cleom.

(*a*) M. Hardion dans son Histoire universelle, paroit s'être attaché uniquement à Plutarque dans le portrait qu'il nous trace de Cléomène, comme d'un Prince accompli, également estimable par ses vertus morales, & par ses talens militaires. Il m'a fallu des raisons aussi fortes que celles qui m'ont décidé, pour ne pas être ébranlé par l'autorité d'un Ecrivain, si instruit & si judicieux.

Hist. univ. t. 4. l. 13.

nouvelle face. Car en même tems que Cléomène sappoit sourdement les fondemens de la liberté & de l'égalité, & par conséquent des institutions de Lycurgue, il les faisoit presque toutes reparoître sur la scène : partage des terres, éducation de la jeunesse, exercices du corps, repas communs. De gré ou de force, il falloit embrasser la réforme; & le Roi donnoit à tous l'exemple de la simplicité, de la frugalité, de la popularité; de toutes les vertus, qui en faisant illusion à la multitude, affermissoient son pouvoir. On disoit hautement, & on le pensoit, que Cléomène seul étoit le digne fils d'Hercule.

Depuis 225 avant J. C. Polyb. l. 2. 5 & 9. Encore ce phantôme de la République de Lycurgue, ne subsista pas longtems. Antigone, vainqueur de Cléomène, chassa le Tyran, rendit à Sparte sa liberté & tous ses priviléges. Mais Sparte ne sçavoit plus user de sa liberté. Déchirée par les troubles & par les discordes domestiques, elle ne sçait pas même conserver ses Rois Polyb. l. 4. légitimes. Moyennant un talent, Lycurgue est reconnu pour descendant d'Hercule & Roi de Sparte.

Les Rois avoient alors laissé échapper presque en entier cette foible portion de l'autorité Royale, dont ils étoient les dépositaires. Les Ephores, qui depuis longtems avoient usurpé la domination, après plusieurs révolutions sanglantes, sont forcés avec la République de subir le joug du tyran Machanidas, que bientôt après fait regret-Polyb. Fragm. l. 13. ter Nabis, véritable monstre couronné, qui, durant quatorze ans, achève de détruire ce qui reste de l'esprit, de la gloire & de la liberté de Sparte.

SIXIEME CAUSE. *Les Achéens.* Depuis 192 avant J. C.

Il semble que Sparte délivrée du plus cruel des tyrans, ne pouvoit souhaiter de sort plus heureux, que de tomber entre les mains de Philopémen, qui a mérité le beau nom de *dernier des Grecs*. Mais Philopémen, l'ame de la confédération d'Achaïe, & né dans une Ville, à qui Cléomène avoit fait éprouver toutes les horreurs de la guerre, étoit trop zélé patriote, pour ne pas être jaloux, pour ne pas être l'ennemi juré de Lacédémone; & trop pénétrant, pour ne pas voir qu'on ne gagnoit rien contre elle, en gagnant des batailles, & que le seul moyen de la tenir pour jamais dans la dépendance & l'humiliation, c'étoit de lui ôter les Loix qui, pendant tant de siècles avoient fait sa force & sa grandeur. Il renverse donc à Lacédémone tous les établissemens de Lycurgue. Il force les Lacédémoniens à renoncer aux Loix & à l'éducation de leur pays, pour adopter celles des Achéens. En même tems il ordonne que la jeunesse d'Achaïe soit élevée dans les mêmes exercices, qu'il vient d'interdire aux Lacédémoniens. Jamais à mon avis, on n'a fait un éloge plus magnifique & moins suspect des Loix de Lycurgue. Philopémen avoit rasé les murs de Sparte, confisqué au profit de Mégalopolis une partie de son territoire, fait mourir & vendre à l'encan un grand nombre de ses citoyens, & rappellé les bannis. Mais le trait le plus cruel & le plus injuste, c'est d'avoir abrogé des Loix qu'elle avoit observées pendant sept cens ans, & avec quelle gloire!

Plutar. in Philop.

Pausan. in Arcad.

Tit. Liv. l. 45. c. 23. Plutar. in Philop.

Lycortas, Préteur des Achéens, s'attache à justifier la conduite des Confédérés. Il me semble qu'il le fait plus ingénieusement que solidement. » Si Lycurgue, dit-il, sortoit aujourd'hui du » tombeau, il applaudiroit à la démolition des » murs de Sparte & de sa citadelle. C'est à présent, s'écrieroit-il, que je reconnois ma patrie. » Pour ce qui est des Loix de Sparte, il n'y a que

Tit. Liv. l. 38. c. 34. & 37.

» les Tyrans qu'on puisse accuser de les avoit abo» lies. Eh ! comment aurions-nous ôté à Sparte » ses Loix ? Elle n'en avoit plus, nous lui avons » donné les nôtres.

SEPTIEME CAUSE. *Les Romains.* Plutar. in Philop.

Quelques années après, Lacédémone demanda aux Romains de reprendre son ancienne discipline ; & de quitter celle d'Achaïe, & l'ayant obtenu, elle sortit de l'abîme de maux & de la corruption où elle étoit plongée, & se releva, autant que sa triste situation le lui permettoit. Si avec l'usage de ses Loix, elle avoit pu recouvrer sa liberté & ses mœurs antiques, elle eut encore attiré le respect & l'admiration de tous les Peuples. Mais la liberté, le nom enchanteur de liberté, que Rome, par la voix de son héraut, avoit fait retentir aux oreilles de la Grèce assemblée, n'étoit qu'une liberté précaire, qu'une ombre, & un vain nom de liberté. En permettant aux Grecs de vivre selon leurs Loix, Rome les avoit en effet soumis aux siennes. D'ailleurs il n'y avoit plus de mœurs à Lacédémone ; & les mœurs peuvent bien suppléer aux Loix, mais jamais les Loix ne suppléent aux mœurs. (*a*) Sans les mœurs, les Loix les plus sages avertissent & menacent envain. On en abuse même, pour se pervertir.

Esprit des Loix. l. 8. c. 11.

L'Auteur de l'esprit des Loix remarque très-bien que les principes du gouvernement, suivant qu'ils sont sains ou corrompus, décident de tout. » Du tems de Platon, les institutions des Grecs » pour la Gymnastique étoient admirables. Elles se » rapportoient à un grand objet, qui étoit l'art » militaire ; mais lorsque les Grecs n'eurent plus

---

Hor. l. 3. Od. 18.

(*a*) *Quid leges sinè moribus*
Vanæ proficiunt ?

» de vertu, elles détruisirent l'art militaire mê» me. Du tems de Plutarque, dans la Grèce & » sur-tout à Sparte, on ne descendoit plus sur » l'arène, pour se former, mais pour se corrom» pre. Mais du tems d'Epaminondas, l'exercice » de la lutte faisoit gagner aux Thébains la ba» taille de Leuctres. » Diodore de Sicile fournit cette dernière remarque à M. de Montesquieu. Pour une plus grande exactitude, il faut ajouter ici, que les Anciens observoient que la Gymnastique, même dans les jours les plus brillans de la Grèce, avoit quelquefois des suites funestes pour les mœurs.

Diod. Sic. l. 15. p. 366.

Plat. l. 1. de Leg. p. 569.

La Grèce obligea bientôt les Romains à la dépouiller de la liberté, qu'ils lui avoient accordée. Cangrenée dans toutes ses parties, dit Pausanias, livrée aux esprits factieux qui la gouvernoient, elle osa insulter Rome, & allumer la guerre d'Achaïe, qui se termina par la destruction de Corinthe, & la réduction de la Grèce en Province Romaine. Tous les ans on y envoyoit de Rome un Préteur, pour la gouverner. (*a*)

Pausan. in Acha.

Depuis 146 avant J. C.

(*a*) Un Savant a prétendu que c'étoit un Proconsul, non un Préteur. Nous allons tâcher de donner quelques éclaircissemens sur cet objet. Rapportons d'abord le texte de Pausanias. ἡγεμὼν δὲ ἔτι καὶ ἐς ἐμὲ ἀπεστέλλετο. καλοῦσι δὲ οὐκ Ἑλλάδος ἀλλ' Ἀχαΐας ἡγέμονα οἱ Ῥωμαῖοι. Les Interprètes tels que Xylander, Juste Lipse, l'Abbé Gédoyn, &c. rendent le terme ἡγεμὼν, un peu vague de lui-même, par celui de *Préteur*. Et selon la remarque de plusieurs Savans, fort versés dans les antiquités Romaines, la Province d'Achaïe, qui renfermoit la Laconie, fut d'abord *Prétorienne*, c'est-à-dire gouvernée par un Préteur, ou Propréteur, dans la suite nous la voyons *Consulaire*, puis redevenir *Prétorienne*. Ce qui n'est pas du tout étonnant, puisque dans dans le tems de la République, la dénomi-

Pausan. in Acha. p. 222. Edit. Xyland. Francof.

Imperi. Rom. Onuph. Panv. Comment Paul-Man. in Epist. Cic. l. 8 Epist. 8.

Depuis 54 de J. C. Plutar. in Flamin. Suet. in Ner. num. 24. Edit. Lugd. Pausan. in Acha.

Ce ne fut que plus de 200 ans après que Néron se trouvant à Corinthe, lorsqu'on se préparoit à célébrer les jeux isthmiques, annonça lui-même aux Grecs qu'ils étoient libres, & qu'il leur rendoit leurs priviléges & leurs Loix. Vespasien pour les punir de leurs divisions perpétuelles, les fit une seconde fois tributaires, & leur ordonna d'obéir aux Magistrats Romains, en disant que les Grecs avoient désappris à user de la liberté.

Strab. l. 8.

Strabon, qui florissoit sous Auguste & sous Tibère, ajoute quelques particularités. *Lacédémone délivrée de ses Tyrans, reprit son ancienne forme de gouvernement, jouit de la plus grande considération & de sa liberté sous les Romains, à qui elle ne payoit pas même de tribut. Elle étoit tenue uniquement de lui fournir des troupes auxiliaires. Depuis peu, Euryclés Prince de Lacédémone, abusant de la faveur de l'Empereur, y a occa-*

---

nation de *Consulaire* ou de *Prétorienne* n'étoit point attachée aux Provinces, mais venoit uniquement de l'espèce de Magistrats, que le Sénat y envoyoit. Car il dépendoit absolument du Sénat de choisir des Gouverneurs parmi ceux qui avoient été Consuls, ou parmi les Préteurs. Peu avant la bataille de Pharsale, l'Empire Romain étoit partagé en 15 Provinces, 7 Consulaires & 8 Prétoriennes. L'Achaïe étoit du nombre des dernières. Auguste y envoya d'abord un Préteur, il en fit ensuite une Province Consulaire. Tacite nous apprend que l'Achaïe & la Macédoine furent délivrées du Gouvernement Proconsulaire sous Tibère, qui les prit dans son département. Cela changea encore sous Claude, qui les rendit au Peuple. Nous lisons en effet dans les Actes des Apôtres, que sous cet Empereur, Gallion étoit Proconsul d'Achaïe. Néron rendit à la Grèce sa liberté. Vespasien, lorsqu'il la remit sous le joug, y envoya un Préteur. Enfin nous avons une lettre de Pline le jeune à Maxime, que Trajan avoit nommé Proconsul de cette Province.

Meurs. de regn. Lac. c. 21. Strab. l. 17. Dio. Cas. l. 53. Tac. l. 1. Annal. p. 38. Edit. Just. Lips. Suet. in Claud. p. 485. Suet. in Ner. p. 24. Edit. Lugd. Apud Frellon. Act. Apost. c. 18.

sionné quelques troubles, qui ont été bientôt appaisés par sa mort.

Suivant Joseph, cet Euryclés fut envoyé en exil. Si nous en croyons Suidas, il y eut avant Euryclés un certain Chéron, qui s'étant emparé de l'autorité qu'il exerçoit en tyran, fut aussitôt mis à la raison par le Préteur, que les Romains avoient en Achaïe. Pline le Jeune finit ainsi sa Lettre à Maxime, que Trajan avoit nommé au gouvernement de la Grèce. » Ayez toujours devant les yeux que c'est à Athènes que vous » allez, que c'est à Lacédémone que vous devez » commander. Il y auroit de la dureté, de la » cruauté, de la barbarie à leur ravir jusques au » nom & au simulacre de liberté, qui leur restent. » Jos. Antiq. Jud. l. 16. c. 16. Meurs. de regn. Lac. c. 21. Suidas in Χαίρων Plin. l. 8. Epist. 24.

Pausanias qui vivoit sous Antonin, fait la description de Lacédémone, comme d'une Ville florissante, peuplée, remplie de monumens & d'édifices, dignes de fixer l'attention des connoisseurs, & des amateurs de l'antiquité. (*a*) Depuis cette époque, à peine retrouve-t-on quelques vestiges de Sparte dans l'Histoire. Elle n'est remarquable que par son humiliation & ses malheurs. Pausan. in Lac.

Pour achever de remplir la tâche que je me suis imposée, il ne me reste plus qu'à examiner, si jusques dans les derniers tems de la République, il se conserva quelques Loix, échappées du naufrage général, & jusqu'à quel point elles fu-

---

(*a*) Pour avoir une connoissance exacte de ce qui nous reste de Sparte, de son Théâtre & de son *Dromos*, ainsi que de sa véritable position, il faut consulter *les ruines de la Grèce*, par M. le Roi. Les Géographes que j'ai vus & les Voyageurs, sans en excepter M. l'Abbé Fourmont, s'y étoient trompés.

Pausan. in Corinth. rent gardées. On lit dans Pausanias qu'Antigone après la journée de Sellasie, rétablit à Sparte le gouvernement Républicain, (*a*) & que cette Ville cessa d'être gouvernée par des Rois ; qu'à ce changement près, elle retint la même forme de gouvernement, qui subsistoit encore.

Pausanias est un témoin sûr de ce qui se passoit de son tems. Mais il se trompe, en disant qu'il n'y eut plus de Rois après Cléomène. Nous apprenons de Titelive & de Polybe que la Royauté ne fut éteinte que par la Tyrannie. Tit. Liv. dec. 4. l. 4. Polyb. l. 4.

Tandis que Sparte obéit à des Tyrans, & qu'ensuite elle demeura incorporée à la République des Achéens, il n'est pas douteux qu'elle n'ait perdu entièrement l'usage de ses Loix, ainsi que la constitution de son gouvernement. Affranchie de la domination Achéenne par les Romains, elle obtint à la vérité de ses nouveaux maîtres, le pouvoir de retourner à ses premières Loix ; mais on sent que la constitution de l'Etat ne pouvoit plus être la même. Il n'y avoit plus de Royauté. Il n'y avoit plus que l'ombre de la liberté. Par cet endroit seul, ses Loix souffroient la plus essentielle altération.

C'est sans doute dans ce sens, qu'il faut entendre le passage suivant de Plutarque, qui, pris à la lettre, paroîtroit outré, & démenti par d'autres endroits du même Auteur. *Depuis que les Lacédémoniens*, dit-il, *ont été réduits en servitude par leurs propres Citoyens, ils n'ont plus* Plutar. in Inst. Lac.

Hist. anc. t. 7. p. 644. Edit. in 12. (*a*) M. Rollin prétend qu'Antigone après sa victoire interdit à Sparte l'usage de ses anciennes Coutumes & de ses Loix. C'est sans doute une inadvertance de cet Historien si estimable d'ailleurs, qui contredit ici Plutarque, Pausanias & Polybe.

rien retenu de leurs anciennes institutions. Et devenus tout semblables aux autres Peuples, ils ont entièrement perdu leur gloire & leur réputation, & enfin leur liberté, puisqu'ils sont réduits en Province Romaine, ainsi que tous les Etats de la Grèce.

Quant à ce qui regarde la discipline & l'éducation de la jeunesse, il est incontestable que les exercices publics, & la plupart des usages anciens furent remis en vigueur. Cicéron, Sénèque, Pausanias, Plutarque, Strabon & Stobée, les Poëtes même, comme Plaute & Horace, en sont garants. Lacédémone étonna encore les Grecs & les Romains, par les exemples qu'elle donna de tempérance, de courage & de constance.

Cicéron loue les Lacédémoniens, de ce que seuls entre tous les peuples de la terre, ils ont conservé leurs Loix & leurs mœurs, sans aucun changement, depuis plus de 700 ans. On sçait ce qu'il y a à rabattre de cet éloge, que Cicéron donne en Orateur, qui avoit besoin de faire valoir le suffrage de cette Nation. Lui-même en disant ailleurs qu'il y eut de la valeur à Lacédémone, tant que les Loix y furent en vigueur, avoue par-là qu'elles avoient cessé de l'être.

Cic. pro. Flac. n. 63.

Cic. Tuscul. disput. l. 1. c. 42.

Ecoutons-le, quand il parle en Philosophe désintéressé, & sur-tout de faits, dont il a été témoin, ou qu'il avoit appris à Lacédémone. *Les Loix de Lycurgue endurcissent la jeunesse au travail, à la course; l'accoutument à souffrir la faim & la soif, le chaud & le froid. On fouette les enfants à l'Autel de Diane avec tant de violence, que le sang ruisselle, que quelquefois même ils expirent sous les coups, sans laisser échapper, je ne dis pas un cri, mais le moindre gémissement.* Sénèque, Plutarque, & Pausanias attestent la même chose.

Cic. Tuscul. disp. l. 2. c. 14. & 15.

Plutar. in Lyc. Senec. de Prov. c. 4. Pauf. in Lac.

Cic. Tuscul. disp. l. 5. c. 17.

Cicéron assure encore avoir été spectateur de combats, où les jeunes Spartiates s'exerçoient avec tant de constance & de fierté, qu'ils se laissoient mettre en pièces, plutôt que de s'avouer vaincus.

Joan. Xiphi. Epito. Dio. p. 190. Edit. Henri. Step.

Suivant Xiphilin, dans l'abrégé de Dion Cassius, Néron rendit un témoignage bien honorable aux Lacédémoniens, lorsqu'après avoir disputé le prix dans tous les jeux de la Grèce, il refusa d'aller à Athènes seulement & à Sparte, dont les Loix sévères ne lui faisoient pas moins de peur que les Euménides d'Athènes.

Philostrat. Apollon. vit. l. 4. c. 31.

Apollonius de Tyane sous Domitien alla à Lacédémone, & son Historien assure qu'il y trouva les Loix de Lycurgue dans toute leur force.

Sans donner à un Ecrivain romanesque, plus de croyance qu'il n'en mérite, nous conclurons de toutes ces autorités réunies, que ce n'est que depuis ce tems-là, que les Loix de Lycurgue furent entièrement anéanties. A quoi ne dûrent pas pu contribuer les exactions & les concussions des Magistrats Romains, ainsi que les ravages des Barbares, en particulier des Scythes & des Marcomans sous Valérien (*a*), d'Alaric sous les règnes d'Arcadius & d'Honorius. *Sparte*, dit Zozime, *réduite à l'état le plus déplorable sous ces derniers Empereurs, n'avoit ni armes, ni soldats pour se défendre contre les Goths qui la menaçoient. Elle étoit en proie à des ennemis encore plus redoutables, l'avarice & la perfidie des Romains.*

Zozim. Hist. l. 1. p. 8. l. 5. p. 88. Edit. Basil.

C'est alors que S. Jérôme écrivoit à Héliodore :

S. Hierony.

(*a*) Sous Gallien, Collégue & Successeur de Valérien, les Barbares du Septentrion descendirent dans la Grèce, brûlerent Athénes, Corinthe, Sparte & Argos.

Hist. univ. de M. Hardion. t. 7. p. 25.

» Pensez-vous qu'il reste quelque chose de leur » esprit & de leur valeur ancienne aux Corin- » thiens, aux Athéniens, aux Lacédémoniens, » à tous les Grecs qui obéissent à des Barba- » res ? »

ad Heliod. Epist. 3.

Peu de tems après, Théodoret faisoit un parallèle aussi judicieux qu'éloquent des Législateurs les plus célèbres du Paganisme, avec le Divin Législateur des Chrétiens. Les Loix imaginées par les plus grands Philosophes, ou n'ont pu se faire recevoir nulle part, comme les Loix de Platon, ou ont été confinées dans les bornes étroites de quelques Provinces. Les Romains ont parlé, & aussitôt les Loix de Lycurgue, de Solon, de Zaleucus, de Charondas ont été anéanties. La volonté du Vainqueur a été la Loi suprême des Peuples vaincus, chez qui il a fait régner ses propres Loix. On ne retrouve donc plus à Sparte de vestiges des Loix de Lycurgue, plus de défenses aux Etrangers d'aborder dans la Laconie, plus d'Ilotes en servitude, plus de ces déréglemens que la Nature abhorre, & que les Loix autorisoient. Toutes ces Loix ont été abrogées sans la moindre résistance. Qu'on me nomme un seul Lacédémonien, qui ait souffert la mort pour le maintien des Loix de Lycurgue, un Athénien pour les Loix de Solon. Il n'y a que les Chrétiens seuls dans l'univers, qui ayent affronté la mort & tous les supplices, pour la défense de leur Loi. A ce caractère frappant, ainsi qu'à tous les autres, il est aisé de distinguer la Loi qui vient du Ciel, d'avec celles qui ne sont que l'ouvrage des Hommes.

Theod. l. 9. Therapeut.

Lors du partage de l'Empire Romain, la Laconie, comme le reste de la Grèce, échut aux Empereurs de Constantinople, qui, sur le déclin de

Ub. Em. Append. de Rep. Lac. sub. fin. Histor. Chalcond.

La Guillet. Lac. ancien. & nouv. p. 366 &c. Hist. Ottom. par Cant.

l'Empire, la donnèrent en appanage à des Princes de leur sang, avec le titre de Despotes. En 1460, Mahomet II. en fit la conquête sur le Despote Thomas Paléologue. Depuis ce tems-là, les plus libres & les plus illustres contrées de l'univers, asservies au joug des Barbares, sont méconnoissables à tel point, (dirai-je pour combler leur infortune, ou pour l'adoucir) qu'elles ne sentent pas même leurs maux, parce qu'elles ont perdu jusqu'au souvenir de leur vertu & de leur splendeur antiques.

Hist. Ottom. par Cantim. t. 3. p. 484. La Guillet. Lac. anc. &c.

Ce n'est que chez un petit Peuple de Brigands, cantonnés dans les montagnes de la Laconie, qu'on peut retrouver quelques vestiges du naturel, de la valeur & de la fierté des Spartiates. Quoiqu'au nombre seulement de 12000, toutes les forces de l'Empire Ottoman n'ont pu suffire pour ravir aux Maniotes leur indépendance, dont ils ne sont pas moins jaloux que leurs illustres Ancêtres. Les Vénitiens, tandis qu'ils furent les maîtres du Péloponnèse, entreprirent avec aussi de peu de succès de les soumettre à leurs Loix. Le nom même de Maniotes (*a*) leur a été donné, selon quelques auteurs, pour marquer qu'héritiers de la bravoure des anciens Spartiates, ils vont au combat avec fureur.

(*a*) Du mot Grec *μάνια*, *Fureur*.

FIN.

www.ingramcontent.com/pod-product-compliance
Ingram Content Group UK Ltd.
Pitfield, Milton Keynes, MK11 3LW, UK
UKHW020328180726
13839UKWH00002B/592